Traversée

Francis Tabouret

Traversée

P.O.L
33, rue Saint-André-des-Arts, Paris 6e

ISBN : 978-2-8180-4385-1
www.pol-editeur.com

Je suis convoyeur de chevaux : je voyage avec des chevaux dans les soutes d'avions de marchandises. Une sorte de steward équin, ou de livreur, soigneur de bêtes à dix mille mètres d'altitude. Les avions, la vitesse et les réacteurs, mais les oreilles qui se pointent quand on s'approche au fond des carlingues, les sabots qui grattent le sol de fer et d'air, le bruit des mâchoires, le poil qui colle à la main et dit la peur, les naseaux, les yeux inquiets ou joueurs, les crins. Le ciel et les nuages, mais du foin et de l'eau.

Métier aussi de l'étrangeté des kilomètres avalés, lundi Amsterdam, mardi Tokyo, mercredi Abu Dhabi. Métier du monde par sauts de puces. Puces volantes, envolées. Soigneur de bêtes volantes. Métier de tarmacs et de tampons sur les passeports, de frontières passées, de langues mélangées. Heures d'aéroports, d'avions, de soutes d'avions. Et, au bout des heures de vol, la pincée, le tout petit, l'instant, ce qui est vu par la fenêtre, d'un jour ou de quelques heures avant de rentrer, l'image volée d'une ville, d'un pays ou d'un continent : ramener dans ses yeux une ville d'immeubles au milieu des montagnes ou une autre toute de verre, une terre rouge, un casque de faucon ou un homme fuyant dans un bus, un air bon, un autre si chaud, quelques chèvres ou une vache, une nuit, la lumière de minarets, une étendue d'Argentine. Une image ici, une autre là. Métier de notes éparses, de petites impressions, du monde picoré.

*

Un jour de ce métier, un homme m'a dit : « Aux Antilles, tu ne peux pas aller en avion. » Il m'a dit que les lignes avaient été fermées, qu'il n'y avait plus de ces avions de marchandises qu'on appelle cargos, que le fret était maintenant chargé sous les passagers et que les chevaux, qui ne rentrent pas là-dessous, avaient dû reprendre la mer pour traverser l'Atlantique. Il m'a dit : « Les chevaux embarquent et traversent sur des porte-containers. »

Trois mois plus tard, j'étais sur un bateau avec douze chevaux : on naviguait sur l'océan et vers la Guadeloupe. J'avais embarqué pour le très grand large et pour le temps long. Pour l'Atlantique, les vagues, les terres lointaines, parce que l'immensité des océans sur les cartes du monde. Treize jours d'eau. J'étais au Havre, je me suis retrouvé à Pointe-à-Pitre. Mes souvenirs de traversée sont assez flous : la ligne d'horizon, le tain des vitres de la passerelle, la chaleur et le bruit des machines, le vent, le lent roulis du bateau qui si souvent est torpeur, l'envie parfois furieuse de tempêtes, le regard des bêtes... mais d'événements, d'un lendemain qui serait différent d'une veille, je ne me rappelle pas. Je crois que j'étais hébété, d'eau et d'horizon. Le bateau va de jour comme de nuit et il pourrait continuer de naviguer pendant des semaines sans qu'à bord on s'étonne de ne jamais rien rencontrer. En mer, le seul qui se noie vraiment c'est le temps. J'ai débarqué ne sachant plus combien de jours j'avais été en mer.

Le temps sur l'eau a des contours certes, les quais, les ports, mais son cœur est trouble. J'avais traversé l'Atlantique et il avait pris mes mots. Quelques mois plus tard, j'ai voulu repartir pour retrouver les vagues et les points de rouille, le château et les cales, pour le bateau qui est comme un monastère et pour l'œil et les jours avec les bêtes, pour le métier, les marins, et pour l'écrire. J'ai cherché une embauche, une nouvelle traversée. Cette fois on m'a dit : « Est-ce que ça te dérange si on te met d'autres animaux sur le bateau ? » C'était une question et, en même temps, ce n'en était pas une : j'embarquerai avec huit chevaux, quinze moutons et huit taureaux, seul soigneur à bord. Treize jours de mer, de Rouen jusqu'à Fort-de-France. On m'a dit : « Tu embarqueras sur le *Fort-Saint-Pierre.* » Des chevaux, je connaissais les gestes. Des taureaux, des moutons, je ne savais presque rien.

Mercredi 24 septembre – Rouen, terminal à containers Moulineaux

Qu'est-ce qu'un quai ? C'est un parking. Une dalle. La terre n'y est plus déjà tout à fait terre. On est en Normandie puis, soudain, soudain parce qu'un kilomètre avant rien n'annonçait le port, et encore moins la mer ou le fleuve, on se retrouve face à des boîtes empilées sur un bitume, face à une ville aux tours immenses et aux angles droits. Containers sur containers sur containers. Rues et avenues de containers. J'ai cherché l'eau, mais on m'a demandé mon passeport : les ports se protègent de la terre. Un gardien tenait l'entrée de ce monde. Il a noté mon nom et a ouvert une barrière. Dedans, tout vous écrase. On est avec son sac de voyage et il y a ces immenses engins qui soulèvent et promènent les boîtes comme si elles ne pesaient rien, qui les emmènent au bord de l'eau où les portiques – ces grues qui sont les bras ou les tentacules des quais – annoncent, cette fois, enfin, le fleuve et les bateaux. Le *CMA-CGM Fort-Saint-Pierre* n'était pas encore à quai.

Il y a des containers bleus, des rouges, des blancs, des gris (moins), des verts (peu), des orange (très peu). On m'a amené à ceux des bêtes. Ils étaient au fond du quai, adossés à un grillage : les containers dits « bétaillers » sont d'un beau jaune canari et leur numéro, inscrit à la peinture noire, est précédé des lettres BETA. Attente, mon sac de voyage, barda, baluchon, paquetage, outils et vêtements de travail, posé contre un container. Les chevaux, les taureaux, les moutons ne sont pas encore sur le port. Alors l'inventaire du matériel (balais, fourches, seaux, ficelle, produits vétérinaires...), la préparation de cette étable-écurie-bergerie, de cette ferme embarquée, itinérante, qui ira d'un continent à l'autre : j'étale les litières de copeaux de bois, j'installe deux seaux d'eau par compartiment, je prépare un peu de foin. Quelques dockers passent.

*

L'OIE, l'Organisation mondiale de la santé animale, anciennement Office international des épizooties, d'où l'acronyme, entre autres recommandations, dans son *Code sanitaire pour les animaux terrestres*, chapitre 7.2 « transport des animaux par voie maritime », alinéa « identification et suppression des distractions » (*sic*), indique que « la conception des nouvelles installations de chargement et de déchargement ou la modification des installations existantes doivent viser à réduire au minimum les causes potentielles de distraction qui peuvent conduire les animaux à s'arrêter en phase d'approche, à s'immobiliser brusquement ou à se retourner ». Puis vient une liste de « distractions » possibles : reflets, ombres, déplacement de personnes, irrégularités dans le sol, bruits... En mer, les animaux sont transportés, selon le nombre de têtes, ou dans ces containers spécialement aménagés ou sur des navires bétaillers, appelés autrefois cargos moutonniers : ceux-là sont des immeubles d'étables. Le *MV Ocean Drover*, 176 mètres de long pour 31 mètres de large, mais c'est l'un des plus grands, a par exemple une capacité de 75 000 moutons ou de

18 000 vaches. Voilà ce qui parfois navigue sur les océans. Souvent, ces navires chargent au départ de l'Australie ou de la Nouvelle-Zélande à destination du Moyen-Orient ou de l'Asie du Sud-Est. Les animaux accèdent aux différents ponts – le *MV Ocean Drover* a neuf étages d'étables – par des rampes, et tout un système d'aiguillages permet de les diriger vers leur parc à bord. Les chargements sont rapides : en moins d'une journée, tous les animaux sont embarqués. Et puis il y a les chargements de quelques bêtes : celles-là partent sur les porte-containers, dans des containers aménagés. Le mien est de ceux-là, à peine l'idée d'une arche : huit taureaux, huit chevaux et quinze moutons, de Rouen vers les Antilles, petite ferme au milieu de l'océan, blottie au milieu des piles et de l'enchevêtrement de ces containers que les hommes de la mer et des quais appellent boîtes – les navires dans leurs mots devenus « porte-boîtes ». Mille cinq cents boîtes et quatre d'animaux vont être chargés sur le *CMA-CGM Fort-Saint-Pierre* que j'attends encore et sur lequel j'occupe le poste, si l'on garde les mots de l'OIE, de *préposé aux animaux*.

Ils sont arrivés à 10 heures. Poignées de main avec les chauffeurs. Un camion avec les chevaux, l'autre avec les taureaux et les moutons. Les camions-bétaillères sont étonnants : ils sont de compartiments et d'étages montés sur vérins hydrauliques, comme des étables-ascenseurs : il y a des taureaux au premier, des moutons au second. Les taureaux? Une seule consigne : ne pas s'approcher. Huit taureaux, sept à neuf cents kilos par tête, les hectares du port autour. Alors, oui, « suppression des distractions » : les dockers sont venus avec leurs engins qui soulèvent les containers comme des boîtes d'allumettes. Ils ont fait un couloir, large d'un taureau, du pont du camion au container canari. Le chauffeur a ouvert les portes, quelques coups fermes sur les croupes, et les taureaux de marcher lentement, force comme en veille, jusqu'à la boîte et d'entrer dans ce qui sera leur étable pour treize jours et six mille trois cents kilomètres de mer.

Charger des moutons, c'est autre chose. Vous montez dans le camion, ils font bloc contre vous : la solidarité par la fusion, grégaires jusqu'à ne plus faire qu'un seul corps, ils se pressent les uns contre les autres. Il faut en attraper un, par une patte de devant, comme si vous lui teniez la main. Vous l'emmenez et les autres suivent : ils suivent le premier qui bouge. Ce ne sont pas des moutons, c'est un troupeau que vous prenez par la main.

Les chevaux, pour peu qu'ils soient dressés, vous font confiance. Je les ai découverts un à un, à mesure que les bat-flanc du camion s'ouvraient : oh petite pouliche grise, oh grande jument baie. Vous tenez la longe, ils vous suivent. Dans le container comme jusqu'au bout du monde.

*

(*12 heures.*) Les containers canari sont alignés comme un fond de scène contre la grille qui clôture le port de Rouen. Les bêtes ont la tête dehors, regardent ce monde de bitume et de fer. Deux containers de chevaux, un de taureaux et un autre, divisé par une épaisse cloison de bois, les deux plus gros taureaux d'un côté et les quinze moutons de l'autre. Un cinquième container, bleu, est mon intendance chargée avec quatre tonnes de foin, soixante-huit balles de copeaux de bois (la litière), et de ce qui fait l'outillage d'une cour de ferme : fourches, balais et seaux. Il y a aussi un carton de produits vétérinaires, quelques pierres à sel, deux sacs de grain, des brosses et des étrilles.

La rotation entre la métropole et les Antilles est assurée par quatre navires jumeaux, des porte-containers de 198 mètres de long et 30 de large : les *Fort-Saint-Georges, Fort-Saint-Louis, Fort-Saint-Pierre et Fort-Sainte-Marie.* Les ports desservis sont toujours les mêmes : à Dunkerque, Rouen, Le Havre, Montoir, Pointe-à-Pitre et Fort-de-France, tous les sept jours un bateau est à quai. Les *Forts* s'égrainent et se suivent, tout à leur discipline, à distance les uns des autres. Ils chargent tout ce qui fait les rayonnages des supermarchés des Antilles, les déménagements, ce que les usines et les ateliers veulent, tout ce qui passe d'un côté du monde à l'autre, et, parfois, quelques bêtes. Le *Fort-Saint-Pierre* est annoncé pour le début d'après-midi : il remonte la Seine avec la marée pour ne pas s'échouer sur ses bancs de sable.

⋆

(*14 heures.*) Je suis aux pieds du bateau. Le pluriel est volontaire *: je suis à ses pieds.* Le *Fort-Saint-Pierre* vient de se mettre à quai et c'est une nouvelle falaise dans la campagne normande. Les milliers de tonnes de ferraille vous écrasent et la passerelle de coupée est un avertissement.

Vous quittez terre. Abandonnez votre assurance, votre aisance. L'échelle à flanc de coque est un sas qui vous dépouille, impossible de la franchir avec aplomb, avec ce que l'on sait de la vie : vous ne savez même plus marcher ! Allez monter un escalier aux marches rondes : c'est qu'il y a les hauteurs des quais et le tirant d'eau du bateau qui chaque jour varie, l'angle avec la terre n'est jamais le même. Et la présence d'un filet, qui pend mollement sous l'échelle, prêt à recueillir les maladroits, n'est, lui, si l'on y songe bien, rien d'autre qu'un regard haut, amitié et défiance mélangées, à l'adresse des nouveaux venus. La main courante – c'est qu'il faut bien se tenir – n'est qu'une corde détendue. L'homme de quart – le gardien du navire à quai, *security man*, gilet orange – vous attend au sommet de la coupée, de l'échelle, sur le platbord à côté d'une petite table en bois à la patine d'années et d'histoires inconnues. « *Hello ! crew ? passenger ?* » J'explique les bêtes à bord. Ce n'est pas que l'anglais ne soit pas partagé, mais nos accents sont éloignés (le sien philippin, le mien somme des voyages accumulés). Puis je me souviens : « *I am the cowboy. I have bulls, sheep and horses* », car c'est ainsi que se disent sur les bateaux les convoyeurs d'animaux. « *Ah, okay ! Cowboy !* » Son sourire, et le mien. Je signe le registre d'entrée et de sortie, date, nom et signature : voilà, je suis du bord. L'homme m'accompagne au *ship office* : c'est la première pièce à l'intérieur du château, de la tour d'habitation, la première pièce à l'entame d'un long couloir qui traverse, longue percée, de part en part, à chaque étage, le bateau. Au *ship office*, vous laissez votre passeport au second capitaine (regard franc, jauge rapide – *est-ce que tu as déjà navigué ?*) qui vous fait signer une décharge que l'on pourrait résumer ainsi : dorénavant vous renoncez à tous vos droits. Un commandant alcoolique et dépressif saborde intentionnellement le bateau après l'avoir lancé contre un tanker en feu, ou sur des rochers affleurants et bien visibles au large d'une île déserte ? Vous vous engagez à ne rien dire – mettons que vous ayez survécu –, et à ne pas porter plainte. Puis on vous prend en photo. Ça y est : vous appartenez au navire.

La première chose que j'ai faite, après que l'on m'a montré ma cabine et que j'y ai déposé mes bagages : je suis redescendu à terre. Je suis redescendu marcher sur le quai, et ce n'était pas seulement parce qu'il me fallait donner à boire aux bêtes qui étaient encore au fond du terminal.

Je suis redescendu parce que j'ai déjà fait cette traversée. Le *Fort-Sainte-Marie* et le *Fort-Saint-Pierre*? Identiques! Navires sœurs. *Sisterships*. L'impression d'avoir débarqué hier de cette traversée faite il y a plusieurs mois pourtant s'est jetée sur moi, violente et soudaine. L'escalier qui mène du pont A au pont F... rigoureusement le même, jusqu'aux affiches, identiques en fonction des étages : au pont B un bateau et l'Asie, au pont C un bateau et l'Amérique du Sud... Les cabines... mêmes rideaux, même couleur bleue du canapé, même lampe de chevet vert pastel avec l'étiquette en caractères chinois et en rouge, même lit, même dessus-de-lit rose orangé, même porte-clés jaune, même bureau, mêmes meubles recouverts de ce vernis clair. Bateaux à la chaîne, bateaux séries. Il n'y a que les noms en lettres blanches sur la coque bleue qui changent : *Saint-Pierre* à la place de *Sainte-Marie*. Embarquer m'a semblé rentrer chez moi, retrouver un sol, des murs connus. Le voyage? Celui que j'aurais eu fait à terre. Bascule du monde : départ et arrivée, terre et mer, fin et début de voyage. Il m'a semblé non pas embarquer, mais débarquer : de la terre, de l'autre monde. Alors, comme un besoin impérieux, celui d'un dernier regard, d'un dernier baiser, je suis redescendu sur le quai, pour la foule de détails qu'il peut y avoir à terre, pour ce que l'on quitte.

⋆

Sur le quai, si l'on marche, le plus prudent est le long de l'eau. Les containers sont déplacés par des engins de levage appelés *stackers* (que le dictionnaire traduit par « gerbeurs »), et on est autour d'eux d'une taille infime. Le port est une langue, un monde de mots. Il faut tout apprendre, et le français est rare dans les bouches. Les *stackers* ont, au bout de leur bras télescopique, des *spreaders* (« palonniers ») qui, eux, ont un cadre métallique équipé en ses coins de *twist-locks* (« verrous tournants »), lesquels *twist-locks* viennent s'insérer dans des encoches aux quatre coins des containers pour les soulever. Ils les posent sur le châssis de semi-remorques tirés par des tracteurs portuaires qui ont, dans leurs lignes, la simplicité des jouets d'enfants : une cabine vitrée entoure le chauffeur, les angles sont droits et ils sont jaunes ou rouges. Les hommes les conduisent avec des accélérations brusques et viriles, dans des panaches de fumées, et viennent se placer le long de la coque du bateau sous les bras des grues. C'est un spectacle. Le grutier est un orfèvre de la manutention. Sa cabine vitrée va le long de la flèche de la grue, du quai vers le large. Il est sur un sol de verre par 60 mètres de haut : il regarde, sous lui, les petites boîtes qu'il soulève. Les containers montent dans les airs, survolent le bateau comme en lévitation, jusqu'à être au-dessus de leur place prévue à bord. Il y a de l'hypnose et du ballet dans ces petites ailes qui se rabattent afin de guider le cadre des *spreaders* et les *twist-locks* dans les encoches des containers et qui se relèvent ensuite à mesure que les boîtes s'élèvent dans les airs. Les mouvements sont lents et majestueux. Il y a la délicatesse et le fracas métallique.

Le chargement est une opération à cœur ouvert. Le ventre du *Fort-Saint-Pierre* est béant. Les panneaux de cales ont été ôtés : ils gisent sur le quai. Sous le portique, sur le quai, à chaque nouvelle arrivée de container, deux jeunes dockers, visages de poupons et de fatigue, placent des *twist-locks* amovibles aux quatre coins des containers afin de solidariser les piles sur le bateau. Plus loin des camions marqués par les coups et les années, une première vie sur les routes d'Europe, attendent un bateau pour l'Afrique (des étiquettes sur les pare-brise annoncent « Lagos » ou « Dakar »). Plusieurs d'entre eux pleurent des huiles de vidange, reflets irisés, dans des flaques d'eau ou entre les rails de voies ferrées qui serpentent sur le quai. De l'autre côté du fleuve, je note un rayon de soleil sur une forêt, où déjà les premières couleurs de l'automne, et le vol de mouettes. Un train passe sur le quai – moi qui croyais les rails abandonnés ! – avec une extrême lenteur, entre les piles de containers, avec le calme et l'assurance des diesels et berce le quai et la fin d'après-midi. Les wagons sont slovaques. Au sol, il y a, çà et là, quelques gouttes de peinture, et au bout de mes pas, entre les rails du portique, qui sûrement ne va jamais jusque-là, une fleur pousse timidement. Plus loin, c'est un peu de mousse. Voilà ce que je quitte ! L'idée m'est venue avec le geste : j'ai pris cette mousse, j'ai arraché les si fines racines à la terre d'une fissure du quai. Une plante pour compagne. Je l'emmènerai à travers l'océan, pour faire cette cabine mienne, pour le souvenir des prés. Puis j'ai pris quelques notes encore, un relevé de mots : « Aciroy-Doubs », « Capacité sous palonnier : 60 tonnes à 28 mètres. 55 tonnes à 39 mètres », « Gangway. SWL 450 kg. Max 3 pers ». La langue encore. Tout un monde. Au fond du terminal, les taureaux étaient calmes

– mais n'ont-ils pas toujours l'air calmes –, les chevaux un peu inquiets, les oreilles mobiles, les yeux alertes, tout à fait éveillés, occupés à jauger le nouvel espace, les bruits alentour. Les moutons aussi se demandent ce qu'est cette nouvelle bergerie, certains couchés mais la tête sur la croupe d'un voisin qui pourrait donner l'alerte. J'ai rempli les seaux d'eau puis j'ai pris la fourche et remis du foin dans les râteliers, goûté son odeur, l'ai trouvée bonne comme un bon présage.

⋆

(*1 heure du matin.*) La nuit, le port est une féerie. C'est là que les techniciens du spectacle devraient faire leurs stages, ils apprendraient tout : les lumières du bateau en douche sur les ponts, les lumières jaunes ou blanches accrochées au grill du portique, les lumières des engins, les ombres et les pénombres. Tout est beau. À 1 h 54, les containers canari sont passés par les airs, pendus au bout des *spreaders*. Les taureaux, les moutons, les chevaux se sont envolés. Un cheval a passé la tête au-dehors, 40 mètres sous lui. Mon cœur s'est pris d'émotions. Le grutier a posé les boîtes, tout en douceur en position 28, au centre du bateau, en pontée, accessibles, là où on ne sent (ou si peu) ni roulis ni tangage. Je suis descendu du pont E au pont A, du cinquième au premier, de ma cabine à l'échelle de coupée, par les grandes marches de l'escalier. Je suis sorti puis j'ai longé le plat-bord qui est maintenant presque un tunnel. Des containers sont passés au-dessus de ma tête, je suis monté aux barreaux d'une échelle au relief de rouille et de peinture, je me suis faufilé entre deux rangs de containers sur des grilles de ventilation, entre des câbles et des tuyaux. La voilà ! Petite cour de ferme. Les bêtes comme au fond d'une crevasse ou d'une faille géologique. Une pile de containers supprimée au centre du bateau fait que le préposé aux animaux, le palefrenier, le convoyeur, l'accompagnateur, le groom, le cow-boy (prenez le mot que vous voulez), dispose d'un couloir et peut accéder aux bêtes, qu'elles peuvent mettre une tête dehors. Les taureaux et les chevaux se font face de part et d'autre de ce couloir. Au-dessus, à droite, à gauche, tout autour, ce ne sont que des containers, cinq étages, 13 mètres de hauteur. On est au fond d'un trou.

Jeudi 25 septembre – descente de la Seine

Je me suis levé et nous avions quitté le port. Tout vibrait déjà, les placards, les portes, les corps, au rythme lent de la machine. Le matin, où que l'on soit, les hommes ouvrent leurs fenêtres et regardent au loin : mon sabord donne sur un bocage, sur des berges, qui défilent lentement. Un peu d'une brume qui n'avait pas fini sa nuit flottait sur les méandres du fleuve. Le bateau va, prudent, cinq ou six nœuds, entre une courbe et ce qui doit être un banc de sable. Quand sommes-nous partis ?

Dans les cabines, les hommes se succèdent tous les deux mois, tous les six mois ou tous les neuf mois, selon la durée des embarquements. La mienne est vaste, peut-être une vingtaine de mètres carrés. C'est celle de l'*owner* (toujours l'anglais), de l'armateur. Traditionnellement, les navires avaient une cabine pour l'armateur ou son représentant. Ces cabines, malgré les milliers de bateaux des compagnies, existent toujours et servent à loger les marins, qui y sont alors parfois par deux, ou des passagers s'il y en a. Autrefois on parlait de la cabine du subrécargue, dont le dictionnaire dit qu'il était une « personne choisie par un armateur ou un affréteur et embarquée sur un navire pour assurer la gestion de la cargaison, sa vente [...] ». La cabine est tout en longueur. Deux lits, séparés par une table de chevet, un grand bureau, un canapé, une table basse et deux sabords par lesquels regarder la mer. Sous l'un d'eux, une plante en plastique aux fleurs mauves a perdu presque toutes ses couleurs. La cabine, pas plus que le reste du bateau, n'offre de silence : deux assiettes, ce qui semble être deux assiettes, collées l'une à l'autre, font office de sortie à une gaine de ventilation sonore au milieu du plafond.

Hier, quand je suis entré dans cette cabine, il m'a semblé entrer chez un autre : sur la porte de l'unique placard (où se trouvent la combinaison de survie orange, le casque et le gilet jaune), il y avait les traces de celui qui a dormi là et n'y était plus : des cartes postales et des photos, une intimité abandonnée sur un mur. Et quel drame, petit ou grand, fait que l'on débarque ainsi laissant derrière soi une vallée aux collines pelées (peut-être l'Écosse), des falaises, une plage, et les photos d'un mariage, jeunes gens crispés, joues rouges, sous quelques arbres en fleur et sur une herbe insolemment verte. Je suis entré dans la cabine et je me suis retrouvé face à l'indécence d'une intimité. Une cabine, c'est comme une chambre d'hôtel : vous ne voulez pas savoir qui a dormi là avant vous. Mes photos, mes cartes postales (un homme chinois peint dans des couleurs sombres, un squelette mexicain au large chapeau, des hommes à cheval sur des céramiques portugaises) sont celles d'autres voyages, emportées comme on se fait un tatouage.

De tous mes voyages, de ces années, de tous ces kilomètres parcourus, j'ai appris à faire d'un objet, ou de quelques images, un chez-moi. Souvent trois cartes postales suffisent. Elles suffisent à s'entendre dire, après quelques verres, au bout d'une soirée, quand la fatigue vient : « Je rentre chez moi », « à la maison » dit-on même parfois, et de s'en retourner vers sa chambre d'hôtel, sa caravane, sa cabine de camion ou de bateau, alors qu'on n'y est arrivé qu'hier. Faire un chez-soi de quelques objets. Je me souviens aussi d'avoir parfois regardé ma valise comme une veste de cuir, comme quelque chose qui habille et protège, de l'aimer pour cela. Quelques cartes pour ne pas être nu.

Matinée au fond, avec les bêtes, et parfois le regard qui surprend l'incongru du défilé de la campagne normande, d'un village, d'un quai, de quelques vaches, entre une rangée de containers, comme une lumière dans la fissure d'une falaise. Même le ciel n'est qu'un carré. Il faut lever haut la tête entre les piles de containers pour goûter au plaisir d'un nuage. Je reçois des visites de curiosité – les hommes du pont –, je serre des mains, tente de retenir des prénoms. L'équipage est aux trois quarts composé de marins philippins. Ce sont les taureaux qui éclairent et ouvrent les visages : « *Whaou... Very big bull. This is veeeery big bull!* »

À la passerelle, au poste de pilotage, par 30 mètres de hauteur, des hommes pleins de gravité, dans un grand calme, regardent le fleuve et l'immense bateau de 200 mètres aller entre les berges sinueuses de la Seine.

*

(*12 heures – rade du Havre.*) Chaque port a ses pilotes qu'il envoie à bord des navires – ô bande d'incapables ! – qui ont la prétention de venir à quai. Et dire qu'on naviguait à peine. Les pilotes sont souvent d'anciens commandants au long cours, anciens marins de grands larges et de grands départs, qui ont trouvé là un arrangement avec la vie sédentaire et rentrent au port chaque jour. Les voilà qui ramènent à quai les navires immenses. Il y a des pilotes de port comme il y a des pilotes de rivière : ainsi la Seine nous avait envoyé un premier pilote de Rouen à Caudebec et un second jusqu'à l'embouchure du Havre. Ils sont livrés sur les navires par de petites embarcations appelées pilotines. À peine avait-on débouché dans l'estuaire de la Seine qu'un homme était venu dressé à la proue d'une entre elles. La pilotine est apparue, nerveuse, à une centaine de mètres du bateau, sur l'arrière, s'approchant jusqu'à soudain se retenir, comme un prédateur guette sa proie, jauge sa course et sa fatigue, salive un peu. Pilotine barque minuscule, mais, c'est tout vu, le *Fort-Saint-Pierre* est déjà perdu. C'est un pachyderme sans défense, si lourd, empêtré de son inertie : lancé à quelques nœuds à peine, il ne peut ni dévier de sa trajectoire ni faire demi-tour, et encore moins arrêter sa course. La pilotine, elle, est mobile. Et la voilà qui s'élance, aucune peur chez elle, et vient à flanc du navire. Les vagues ne sont rien : elle s'en amuse même avant de porter l'attaque, venant, ventouse, comme une tique sur un animal, se coller sur la panse du *Fort-Saint-Pierre*. C'est qu'elle a vu la brèche, cette échelle de corde qui pend indolente le long des flancs de notre navire. L'homme, le pilote, un gilet orange sur le dos, rien ne l'effraie, ni les vagues ni la hauteur, s'est accroché à nous. Il monte, et il y a de l'attaque de château fort dans cette manœuvre. Il monte le long de nos murs. L'assaillant est à bord. Adieu grand large ! Où pensais-tu aller, vieux navire ? À bord tous se rendent, le pilote fait du commandant son vassal, l'équipage se terre au château. Et les choses portent bien leur nom : la tour d'habitation, de bureaux, au sommet de laquelle il y a notre passerelle, notre mirador, notre point de vue sur le monde, est sur les navires de commerce le « château ».

Cinq heures de navigation, voilà ce qu'on avait fait : les courbes de la Seine, le pont de Tancarville, celui de l'Atlantique, et un petit tour dans la rade. La rotation Antilles-métropole des porte-containers de la CMA-CGM est ainsi faite qu'embarquant à Rouen, avant de traverser l'Atlantique et de gagner les îles, c'est l'aventure du cabotage, des ports, et des côtes françaises. Pourtant la ville du Havre n'a été qu'une idée, et que sur bâbord : le bateau filait si vite, me semblait-il, vers le port et l'écluse Saint-François que la colline de Sainte-Adresse, la cathédrale, les silos à grain, les cuves des raffineries n'ont été qu'un paysage fugace. Le port est deuxième ville, peut-être la ville, immense. On s'est d'abord mis dans un sas, et tout cela prend des heures, dans une écluse qui semblait bien trop petite pour le *Saint-Pierre*, puis de petits pousseurs aux moteurs d'haltérophiles nous ont emmenés jusqu'à cette place à quai, bitume et containers pour accoudoir, jusqu'aux grues et aux containers alignés. Des hommes sont montés à bord, les portiques ont allongé leurs bras, comme des ombres, au-dessus du bateau et ont repris leur travail au doigté de marionnettiste.

Claques métalliques. Ferraille tordue. Tonnerre des coques cognées. Chaque container chargé résonne tout le long du bateau et à travers les étages. Le *Fort-Saint-Pierre* reste, malgré tout, immobile sauf quand un container retiré ou déposé par le grutier au fond d'une cale est celui de trop, celui qui fait légèrement bouger l'assiette du bateau : il roule alors sur quelques infimes degrés. Les bêtes se font aussi aux bruits du bord. Je crois que c'est leur œil qui change : le fond de l'œil qui se fait moins méfiant, qui cesse de se dire *mais qu'est-ce que ce monde-là*, qui prend son parti des mètres carrés et du monde métallique, de ma présence.

Je crois que les bateaux ne vont à quai que contraints, parce qu'il le faut bien et qu'ils sont d'une autre eau. Ils ne sont pas faits pour les quais, pour les rades, pour les bassins : toutes ces baies, ces anses, ces havres, qui portent le nom de ports – mais regardez donc un bateau manœuvrer –, tous sont trop petits pour eux. Des éléphants dans des poulaillers. À quai, les bateaux sont vulnérables : l'ennemi, le danger, vient de terre. Alors c'est un siège que l'on tient. On se barricade autant que l'on peut et des hommes des nôtres se relaient, vingt-quatre heures sur vingt-quatre, pour tenir la garde du monde marin en haut de la coupée. Essayez d'embarquer voir ! Pour accéder à bord, il faut passer par eux. Une fois les hommes passés, il n'y a qu'une porte au château : les autres sont verrouillées, le seul accès est au pont A, à ce qui est notre rez-de-chaussée, et il faut en avoir la clé ou le code. Les escaliers qui mènent aux terrasses des ponts supérieurs sont fermés par de lourdes grilles et de gros cadenas. À quai, tout est si fermé, tout est si condamné, qu'ouvrir son sabord pour aérer sa cabine fait presque de vous un traître au bord.

*

Les deux jeunes taureaux qui, depuis le départ, n'avaient cessé de tenter de se saillir l'un l'autre semblent s'être fait une raison et, sûrement épuisés par leurs tentatives et leurs jeux adolescents, ruminent, tels deux amants une cigarette après l'amour, couchés la tête de l'un sur le ventre de l'autre. Les six autres de ces taureaux chargés pour les Antilles sont tout à l'immobilité des hivers passés dans les étables, ne se levant, de cette façon qui est la leur, le cul avant la tête, qu'aux heures des repas pour manger le foin que je place, et j'aime ce geste, trois fois par jour, dans les râteliers. Ils ont (considérations techniques) entre dix-huit et vingt-deux mois et pèsent entre 700 et 900 kilos. Ce sont des Blondes d'Aquitaine – chez les bovins, notez-le, le féminin est générique.

Aux repas, invariablement, les moutons se prennent à un jeu sans que l'on sache vraiment s'il s'agit d'un jeu. Sitôt que je distribue le foin – eux n'ont pas de râteliers, je le place le long des parois de leur box –, ils se ruent sur lui. Mais c'est comme s'ils voulaient tous goûter un même et unique brin qui serait au centre de la tranche de foin. C'est une mêlée un peu confuse, tête au sol et poussée des postérieurs, autour d'un ballon de rugby. Généralement, un ou deux des quinze moutons, peut-être légèrement assoupi la minute d'avant, se jette un peu tard dans la mêlée et ne parvient pas à y pénétrer – le *pack* des joueurs est compact. Alors, prenant son élan du fond de la boîte, il contourne l'obstacle (les treize ou quatorze autres moutons) par le haut, à l'aide d'un assez élégant saut, qui le fait atterrir (moins élégamment) sur le dos d'un de ses congénères, plus près de l'hypothétique et convoité brin de foin. Tout aussi invariablement, une bonne partie du foin est piétinée. Les agnelles, certes plus petites que les béliers, font preuve de plus de détermination et n'hésitent pas à enfoncer le pack, souvent avec succès. Après, de leurs lèvres fines, elles attrapent les brins et mâchent dans une grande précipitation. Les taureaux, eux, lapent le foin comme des tapirs.

Vendredi 26 septembre – Manche et rail d'Ouessant

Je n'ai rien noté de ce nouveau départ, du Havre quitté, des bateaux alentour, de l'écluse. On est sortis de la rade et le vent, la vitesse, m'ont aussitôt grisé. Quelques bateaux mouillaient au large du port, accrochés à leurs ancres, faisant face à ceux qui s'approchaient et laissaient l'Atlantique Nord ou le golfe de Gascogne vaincus derrière eux. Une sorte de défense, de ligne Maginot de vieux rafiots dépareillés : tankers, porte-containers, rouliers, vraquiers… Adieu pauvres tas de ferrailles ! La pilotine est venue récupérer son homme, alors nous sommes allés dans une première mer et dans une grande vitesse : sur la Seine, on allait au plus lent, à cause des méandres, des bancs de sable, des bocages et du paysage, des autres qui peinaient en remontant le fleuve. Gros bateau hors-bord. L'avant du *Fort-Saint-Pierre* est une plate-forme au-dessus de l'eau. Elle exalte gratis. On y goûte le vent et la vitesse. Pour un peu, on rêverait de terres à découvrir. J'ai cherché sur la ligne d'horizon ce qu'il restait de cartes, de côtes, de reliefs, mais devant nous, au loin, une brume gardait le flot et le plus grand large, comme un rideau sépare un extérieur d'un intérieur, forme un sas dans lequel aller se livrer, rendre les armes et se laisser dépouiller.

Avant le départ, sitôt le voyage annoncé, je m'étais jeté sur les cartes informatiques. Le site *marinetraffic.com* permet de voir la localisation et le déplacement des bateaux, comme *flightradar24.com* le permet pour les avions : ce sont des cartes superbes. Celles-là montrent les avions, les bateaux, comme des confettis saupoudrés sur les mers ou les continents. Les bateaux sont représentés par de petites flèches qui indiquent la direction ; s'ils sont à l'arrêt, au mouillage ou à quai, ce sont de petits carrés. Les flèches ne bougent pas, longtemps immobiles, jusqu'à soudain, comme les araignées d'eau sur les mares, par à-coups, toutes ensemble, si subrepticement que cela paraît illusion, sauter de quelques millimètres quand les cartes se mettent à jour et disent le déplacement des hommes et des navires sur les eaux. La couleur des flèches indique le type d'embarcation : vert pour les porte-containers, rouge pour les tankers, bleu pour les bateaux de passagers, rose pour les bateaux de pêche. Si l'on clique sur les petites flèches ou les petits carrés, une photo du navire apparaît et on apprend tout du bateau et de sa navigation (nom, pavillon, caractéristiques du navire, vitesse, dernier port et destination...). On peut, immobile, aller – doux rêves – de port en port, le long des côtes et à travers les océans, d'un navire à l'autre, chercher le sien. Avant d'embarquer, j'avais suivi le *Fort-Saint-Pierre*. Le 17 septembre, il était à quelques milles nautiques au sud-ouest de Ponta Delgada, capitale des Açores. Parti de Pointe-à-Pitre, il faisait route vers Dunkerque, suivant un cap de 47°, et filait à la vitesse de 19 nœuds. Ce n'était qu'une petite flèche sur l'écran. Le vent soufflait, lui, à 18 nœuds, en direction du nord-ouest, perpendiculaire à la route du navire qui souffrait vraisemblablement d'un léger roulis. Le plus proche navire était un vraquier, l'*EGS WAVE*, sous pavillon des Îles Marshall. Celui-là était parti de Porsgrunn, au sud d'Oslo, huit jours plus tôt, et faisait route inverse, suivant un cap de 232° en direction de Port of Cristobal et de l'entrée du canal de Panama. À 15 h 57, je l'avais noté, les deux navires se croisaient à 32 milles nautiques. À l'œil nu aucun des marins ne pouvait apercevoir l'autre navire, ils n'avaient autour d'eux que de l'eau. Le 24 septembre, le *Fort-Saint-Pierre* avait remonté la Seine et ses méandres jusqu'au port de Rouen. Depuis deux jours, j'étais sur la carte.

Première vitesse et premiers bruits : l'air qui s'engouffre entre les piles de containers et, plus que de l'eau dont je ne sais pas où il faudrait aller pour l'entendre et dire sa musique, c'est à travers lui que l'on va. Quelle vitesse ! Le foin vole et les chevaux se méfient encore de cet environnement, de ces écuries nouvelles, ne se reposent pas vraiment, gardent un œil sur leur si proche voisin, calculent chacun de leurs pas, épient chacun de mes passages. J'ai affiché les noms des bêtes, le plan d'occupation de l'écurie dans le container bleu au-dessus du foin. *Cœur de perle* est malade. Elle, petite pouliche et si petite santé (les bourrelets, petites collines, sur la corne de ses sabots, archives des carences passées, son ventre un peu trop ballonné, son poil un peu trop terne, ni poil d'été ni poil d'hiver, son appétit si timide), qui aujourd'hui ne veut plus trop se lever, regarde son ventre qui lui fait mal. Aiguilles et seringues. Petite pouliche de deux ans. C'est un grand voyage. Ton ventre noué d'angoisses. Ton sang chaud qui coule sur mes doigts. Tout ira bien.

*

Autour de la Bretagne la brume s'est faite plus dense et a comme annulé la vitesse : le mouvement ne semblait plus être qu'un très lent roulis. Le bateau est allé au son de la corne de brume, comme un veau tout juste séparé de la mère meugle seul au fond de l'étable, ermite d'un brouillard, un aveugle avec une cloche. *Je ne vous vois pas, mais je sais que vous êtes là. J'aimerais vous voir.* Aller dans une ouate. Ne même plus voir l'avant du bateau. Aimer cela.

(*19 heures.*) Repas. Le bateau est un monde de ponctualité : ponctualité des prises de quart, ponctualité des repas. C'est la première information qu'on vous donne quand vous embarquez : ici on mange à 7 heures, à midi et à 19 heures. Le pont B est celui des repas et de la cuisine, mais une cuisine qui séparerait deux mondes et peut-être deux classes : d'un côté les marins, de l'autre les officiers. Salles à manger distinctes. Et chaque monde a ses sous-mondes, ses divisions, ses classes et ses classements. Dans la salle à manger des officiers, il y a trois parties : celle des officiers français, celle des officiers philippins, qui ne sont que deux, et celle des passagers où mercredi on m'avait montré une chaise. « *You will sit here.* » À bord, on vous sert, à table, service à l'assiette. Et, hier, nouveau paysage, nouvelles présences, deux hommes sont venus s'asseoir à cette table. Ils ont payé leurs passages. Bernard ne va nulle part, il a embarqué pour un aller et retour : Le Havre-Dunkerque, en passant par les Antilles. Il voulait voir l'eau. Il me raconte s'être armé de courage : il y a un an, après une vie de clerc de notaire, il avait voulu embarquer. La coupée l'avait terrifié, il était tombé malade devant elle et n'était pas monté à bord. D'emblée, Bernard m'a plu. Il est assis face à moi. Je ne crois pas qu'il triche. Martin, lui, part faire le tour du monde. Il a dix-neuf ans et commence là, lentement, grand saut mais sur la pointe des pieds, du Havre à Pointe-à-Pitre, son voyage. Après il verra, il ira sur terre. À table, il est assis à ma gauche.

Samedi 27 septembre – Bretagne

6 h 30, le réveil sonne. Où suis-je ? Le souvenir de ces réveils, il y a quelques mois, le souvenir de se réveiller l'eau défilant dehors, allant encore et toujours sur l'eau, de la ligne jamais dérangée de l'horizon, et de ce qu'il y a d'étrange et de délicieux dans les sommeils en mouvement. S'arrêter pour dormir et pourtant se lever ailleurs. Les trains couchettes, les bateaux, les cabines de camion quand l'autre chauffeur roule encore, les heures de nuit. Retrouver ce souvenir, cette sensation. 6 heures et demie du matin, et cette vibration, ce grand tremblement. Le bateau va avec la machine. Elle est chaleur et présence permanente. Je crois que seule une panne réveillerait les marins.

Une journée, une nuit, le début d'une autre. La mer? Rien. Le temps surtout passé dans les couloirs, dans l'escalier (cinq étages), dans le vestiaire, à mettre et enlever mes bottes, ma combinaison, mes gants, le long des plats-bords, à monter et descendre les échelles, l'odeur de fer, l'odeur de graisse, à manger à l'heure, parce qu'il ne faut pas tricher avec l'heure, le temps passé à donner des habitudes aux chevaux, à ranger les outils, le temps passé à trouver une place pour chaque chose, à compter les balles de foin, le copeau, faire de petits nœuds avec de la ficelle de lieuse pour attacher les longes des chevaux, à renforcer la paroi des moutons qui m'inquiète et plie à chaque fois que, de l'autre côté, un taureau s'y appuie. À fabriquer la routine, celle qui rassure, parce que malgré toute la domestication, les étables et les écuries, les chevaux, les vaches, les moutons restent des proies. Alors, toujours les mêmes gestes, et dans le même ordre : dire sa présence, siffler pour s'annoncer, se plier en deux et entrer dans les containers, attacher les chevaux, *toi à droite, toi à gauche*, toujours aux mêmes places, nettoyer et remplir les seaux d'eau, ouvrir les râteliers en partant des taureaux vers les chevaux, jeter son œil à chaque, le couvrir d'un regard, d'un état des lieux, d'un *est-ce que tu vas bien, ton œil, ton poil, tes pieds, que disent-ils*, ouvrir le container de fourrage – le bruit des poignées qui claquent contre le fer des portes –, entrer dans la pénombre de la boîte, apprécier le plancher de bois, aller au fond et de son couteau ouvrir une botte de foin, goûter l'odeur de l'herbe séchée et le silence de l'intérieur de cette réserve – ma grange –, se saisir d'une tranche de foin. En sortant, plisser les yeux et pourtant prendre garde aux trous : entre les rangs de containers, la ventilation des cales crache son air volcan vers le ciel. C'est le palais des jupes soulevées, sauf qu'ici c'est votre foin qui vous saute à la gueule. Donner ce foin, retourner chercher des balles de copeau, ouvrir les balles au couteau, une demie par compartiment, étaler le copeau propre à la fourche ou à coups de pied, entrer à nouveau (mais cette fois uniquement chez les chevaux) et faire les pansages, étriller, brosser le poil, démêler les crinières, curer les pieds, soigner, regarder les bêtes encore une fois. Ne pas oublier de regarder les bêtes, écouter leur silence, se faire une idée de chacune.

Les chevaux vont par deux, partageant la moitié d'un container de 20 pieds avec, c'est selon, ou un parfait inconnu ou un camarade de pré également du voyage antillais. La traversée tient en des histoires de couples. Il y a ceux qui sont habitués à la vie de troupeau et ceux qui vivent seuls depuis longtemps, toujours en box, et ne savent rien de la vie à plusieurs. L'agressivité (les coups, les morsures) est d'abord une peur, celle du manque d'espace. Alors, dans les espaces réduits, pour que deux chevaux mangent également, boivent autant qu'il le faut, se reposent, il faut les attacher. L'accident vient de l'excitation et de l'adrénaline. Il faut le calme, il faut le temps, la répétition. Le métier est de faire de ce monde de ferraille et d'eau, de saillies et de trous, d'un peu de rouille, de dangers, de faire de ces quatre boîtes et de cette petite cour au fond des si hautes piles un monde d'humanité et d'animalité, une chaleur et un chez-soi. Il y a ces deux gros chevaux bais – eux allaient ensemble et pourtant ne s'apprécient pas trop –, presque jumeaux, faux frères, tout au fond à gauche. En face, une petite pouliche grise de trois ans, achetée sur la ligne d'arrivée d'une course quelques jours plus tôt, pour aller en courir d'autres dans les îles, et un poulain bai de deux ans destiné aux mêmes hippodromes. Eux semblent bien s'entendre malgré leur si récente rencontre et la promiscuité. Les noms des bêtes? Elle est « Anonymement », lui est « Kingflash ». Il y a aussi « Azalée de Berny » et « Kissgreen », l'une grande jument d'obstacle, l'autre pur-sang anglais, qui, contrariés, peinent pour le moment à se partager l'espace. « Cosmo de la Vie », « Cœur de perle », j'écris les noms, mais je ne les retiens pas. Ils me semblent ridicules. Je balaye, je nettoie ma cour. Puis, quand les deux heures et quelques sont passées, pour soi, goûter sa pause : aller de l'avant, 150 mètres de marche, monter au gaillard avant, s'avancer de quelques mètres encore, entre les cordages et les ancres, monter les trois barreaux jusqu'à la petite estrade, à la pointe du navire – là où l'on est au-dessus de l'eau –, se laisser aller au promontoire, à la balustrade et à l'horizon : prendre un bain de vent.

*

Repas. Sieste. Le paysage d'eau qui défile par le sabord. Douceur d'un milieu d'après-midi ensoleillé. À la passerelle, Noli – « *I'm a watchman* » –, timonier, métier des yeux sur la ligne d'horizon, métier des yeux dans les jumelles. Métier de deux quarts de veille : quatre heures la journée, quatre heures la nuit. Le samedi, au large de la Bretagne Sud et des villégiatures, est jour de pièges, de minuscules voiliers et de régates parfois hasardeuses sur la route du *Saint-Pierre*. Parfois, face à une toute petite voile, l'officier de quart décide alors d'un changement de cap. La mer est une somme de priorités.

L'Atlantique est juste là, mais on est allés rejoindre un hameau de navires au large de Saint-Nazaire : un tanker, un roulier dont la coque disait « *Airbus A380 on board* », un second tanker, qui attendaient ensemble, indolents, l'appel des quais, petit archipel flottant. L'Atlantique est juste là, mais il nous reste une escale. Le *Fort-Saint-Pierre* a jeté son ancre avec eux. On a mangé accrochés à cette idée de village, au mouillage.

La machine (l'envie, peut-être trop évidente, de lui mettre une capitale – Gabin et sa Bête humaine) a fait savoir (ce lourd et lent tremblement de toute la coque), à 20 h 30, qu'on allait au port. Les autres bateaux sont restés au mouillage – peut-être vivent-ils là – sous un fin croissant de lune penché sur une ligne de ciel bleu. D'autres lignes séparaient de la mer : c'était un ciel de strates. Un ciel gris sous un ciel orangé sous un ciel jaune sous ce ciel bleu foncé. La mer, la plus lumineuse de toutes ces couches, supportait tout cela comme ces pierres qui le jour emmagasinent la chaleur et gardent un peu de lumière. Avec la nuit et le port vers lequel on allait, les lumières et les phares de l'estuaire de la Loire se sont allumés : des étoiles sur l'eau, des Champs-Élysées. On est allés entre les feux vert et rouge du chenal dans une réception de fleurs. Derrière, le *Saint-Pierre* était suivi de sa traîne, du remous de son hélice de 7 mètres de diamètre. L'entrée dans un port est histoire longue. C'est lent, c'est majestueux.

Le port du Montoir est à flanc de fleuve, au creux d'une courbe, rive droite de la Loire, de l'autre côté, venant d'où l'on vient, de son arc de Triomphe, de ce pont de l'Atlantique. À gauche, bâbord – mais je ne suis pas marin –, la foule d'une longue guirlande lumineuse et flottante : La Baule s'est étalée sur l'eau. Toutes ces lumières sont de part et d'autre de l'estuaire, si bien qu'on semble aller vers un grand trou noir. Le panache de fumée ajoute au sublime. Je suis sur l'une des ailes de la passerelle. À l'intérieur, elle, la passerelle, est chaleur et obscurité. Un pilote vient de grimper l'échelle de corde et les six étages d'escaliers. Les mains se serrent et la question se fait celle du visage du jour : tirant d'eau devant, tirant d'eau derrière. Le bateau va chaloupant lentement, doux roulis, un Charlot s'éloignant sur l'écran avant que ne vienne le générique. On dodeline vers les quais et les sourires viennent. Cela n'a rien à voir avec une manœuvre de jour. Le chenal se rétrécit, fait quelques chicanes, puis l'on va droit sur un phare pendu sous l'arche centrale du pont de l'Atlantique. Des étoiles apparaissent, cette fois dans le ciel. La lune rougit dans son hamac. On est au spectacle des lumières. Le bateau va toujours, c'est un énorme bœuf. Des mouettes sont venues à leur tour, escorte scintillante, éclairées sur l'eau par les lampes du bord. Les mouettes volent sous nous, au ras des flots. Je vois leurs dos, le dessus de leurs ailes, 30 mètres sous moi, c'est une Voie lactée en mouvement. Absence d'apesanteur. Des confettis de mouettes. Des bancs de mouettes allant avec le ressac des vents. Marche avant lente. Le pont de l'Atlantique, je me suis dit : c'est un portique shinto. Deux mots et le très lointain Japon. Je l'ai noté. Plus tard, à terre, j'ai lu : « Le Torii ou tori-i est un portail traditionnel japonais. Il est communément érigé à l'entrée d'un sanctuaire shintoïste, afin de séparer l'enceinte sacrée de l'environnement profane. Du fait de sa fonction de séparation symbolique du monde physique et du monde spirituel, chaque torii traversé doit être retraversé dans l'autre sens afin de revenir dans le monde matériel. Il n'est pas rare de voir des Japonais contourner un tori-i lorsqu'ils pensent ne pas repasser plus tard par cet endroit. Tori-i signifie littéralement "là où sont les oiseaux", mais peut aussi se traduire par "perchoir à coq(s)". » On passait dessous. Il y avait des oiseaux par milliers. Il était l'entrée du fleuve, le porche de toutes les terres. Les mouettes nous ont abandonnés sous le pont. Un port est une antichambre. Au-delà, elles ne vont pas. Aucune pêche à bord. Le commandant et le pilote sont sortis : il y a, sur les ailes, qui sont de petites terrasses, un poste de commande avancé. Un bateau devant nous s'écarte du quai alors qu'on s'approche. Alors, le *Fort-Saint-Pierre* s'est collé à la terre, sa coque poussée par deux petits bateaux sangsues et pleins de force, au quai, plus lentement n'est pas possible. Une étreinte d'une force terrible. Les taureaux n'auraient pas fait mieux.

Dimanche 28 septembre – Montoir-de-Bretagne

Le Montoir n'est pas un port comme on les entend : il n'a rien du havre, de la crique, de la baie, du refuge. Ce n'est qu'une pauvre rive à flanc de Loire. Les bateaux s'agrippent aux quais, aux berges : même le béton y paraît fragile. L'Atlantique est juste là, à quelques mètres, de l'autre côté de ce pont de l'Atlantique. Le fleuve n'est déjà presque plus. Arrivée au Montoir-de-Bretagne, la Loire s'élargit comme si elle avait déjà renoncé, ô fatalité, à être elle-même fleuve. Elle ne sait plus que faire : une île fend l'estuaire, hésitations des eaux. À marée basse, elle est un lagon de terre ou de sable, et à marée haute, ce n'est plus qu'un filament où poussent quelques buissons qui tous paraissent être à la merci de la première vague venue, à peine l'idée d'une île. Nos trois grues inutiles (le *Fort-Saint-Pierre* n'escale que dans des ports équipés de portiques – il n'y a plus guère que Cayenne et quelques ports d'Afrique où les bateaux se déchargent de leurs propres grues) ont été tournées vers le large du fleuve pour ne pas gêner la manutention. Il y a de la poupée russe dans la perspective de ces flèches, les petites (celles des grues du bateau) sous les grandes (celles des portiques du port), et l'on s'imagine un bateau plus petit venir s'amarrer à couple sous le *Saint-Pierre.* Ça n'a pas tardé : une barge est venue se mettre à couple. Voilà notre plein pour les jours à venir : le *Saint-Pierre* boit chaque jour 60 tonnes de fioul lourd.

Nouveaux venus : des marins ont débarqué, d'autres ont embarqué. Le second capitaine s'en est allé, un second l'a remplacé. Les équipages ne sont pas solidaires : les uns embarquent ici, les autres là. Ce matin, en remontant du vestiaire, je suis passé devant le *ship office* : quatre hommes comme au garde-à-vous, raides et alignés, attendaient leur paquetage devant eux. On embarque comme on s'engage. Le bateau bruissait de leur venue :

quatre ouvriers indiens, moins chers encore, venus travailler à la peinture du bateau. Où allaient-ils loger? À bord, chaque marin a sa cabine où il peut faire un semblant de chez-soi pour les longs mois embarqués. Ceux-là se partageront deux petites cabines. Un couple de retraités est monté aussi. Ils partent passer l'hiver aux Antilles et ont payé leur passage. Ils ont leur cabine, mais ne savent pas encore quoi faire de leur corps. Partout, il leur semble gêner.

Le soir les mouettes sont revenues avec la machine. Sitôt les milliers de chevaux lourds lancés, leurs milliers de flocons de plumes blanches sont réapparus sous les projecteurs du bateau. C'était une mousse qui nous portait, bateau flottant dans cette nuit d'étoiles, d'ailes et de plumes. Le remorqueur est le *Guérande*. Le *Saint-Pierre* a fait ventouse avec le quai, coque grippée, alors, *Guérande*, tire-nous! Un remorqueur est une machine entourée d'une coque. Il n'y a rien d'autre à son bord qu'un moteur immense, et trois hommes. Remous grandioses. La rive éclairée est une Dubaï de tours industrielles : silos, torchères, portiques, navires à quai. Des palaces, des bars, des terrasses, cocktails et orchestre de jazz dans la chaleur et la fumée des lents et puissants diesels. Je vois des villes pleines de vie. J'écris ces mots dans ces lumières et dans le noir, sur la terrasse de la passerelle, si haut, 200 mètres de long sur 30 de large devant soi, et peut-être faudrait-il de nouveaux mots pour dire les navires. La marine marchande est tout en lenteur, trente minutes que le *Guérande* s'est collé à nous, autant pour nous mettre le nez à l'Atlantique – on regardait vers Nantes. Fume, fume, *Saint-Pierre* : *Guérande* s'éloigne, petite jonque, échoppe d'Asie, palais de loupiotes et ambassade des ports, *Guérande* retourne à son quai. Le prochain port est à neuf jours.

Lundi 29 septembre – Atlantique jour 1

Je me réveille, et l'impression d'une vitesse folle. Taxi ! Pointe-à-Pitre au plus vite ! Ça secoue ? Plus vite encore ! Le bateau roule. On va d'un bord à l'autre. Venez, mesdames et messieurs : les manèges ! Dans la cabine parfois on monte vers la salle de bains, parfois on y descend. Tout bouge. L'ivresse des départs. C'est que cette fois il y a un Atlantique à traverser. Alors on lève toujours les pieds un peu trop haut, au cas où le bateau se mettrait soudainement à monter, et on le fait à petits pas. Évidemment, la plupart du temps, il ne monte pas. On est un ivrogne sans alcool, les pieds un peu plus écartés qu'il ne le faut au secours d'un peu de stabilité, s'aidant des mains courantes, et l'on se dit que les tempêtes doivent être terribles : les mains courantes sont partout (dans les couloirs, dans les escaliers, dans la douche, dans les toilettes) et les cabines en prennent un air de maison de retraite. Le bateau va 20 nœuds, Pointe-à-Pitre est à 6 380 kilomètres. Huit jours d'eau sont à venir. Le bateau va 20 nœuds certes, mais selon que l'on est sur l'une des ailes de la passerelle ou sur la plage arrière (les remous derrière soi), ou sur la plage avant, le bateau va ou si lentement qu'il semble presque immobile ou si vite que cela en paraît insensé. Quelques heures passent et l'on se rend compte que ce qu'on imaginait grandes vagues n'est que légère houle. Elle prend le bateau de trois quarts arrière, le soulève aussi lentement que délicatement et le repose comme sur un fond. Il en faut peu le premier jour de mer. Et plus les heures passent, plus cette mer se fait d'huile. On en voudrait déjà plus. À midi l'Atlantique était un lac ! Il n'y a plus que les vibrations de la machine.

Descente vers les animaux, travail d'écurie, d'étable, de bergerie. Les moutons semblent avoir apprivoisé la leur. Je ne leur cause plus ce recul, la grappe de laine allant se coller au fond du container, quand j'ouvre le râtelier, quand je mets le foin, quand je passe le tuyau pour remplir leurs abreuvoirs, quand je rentre dans leur stalle après avoir grimpé sur le râtelier et enjambé la cloison (note pour un éventuel lecteur s'embarquant : ne jamais ouvrir la porte. Ni aux moutons, ni aux taureaux, ni aux chevaux. Dehors, le sol est de trous, de grilles, de fer et d'océan) pour vider et nettoyer leur bac à eau, étaler un peu de copeau. Ils ne se montent plus les uns sur les autres comme pour disparaître de ma vue. Certains s'approchent même. La « 40 771 » (sa boucle d'oreille orange) est la plus téméraire de toutes les agnelles et frotte sa tête contre mes mollets à chaque fois que je rentre. Je fais de leur bergerie un palais.

Il est des bêtes comme des hommes, il est des timides et d'autres qui vous bousculent de tout leur être sitôt vous approchez. Et les noms ne sont pas toujours bien donnés : *Anonymement* (pouliche, pur-sang anglais, trois ans, grise) accroche les yeux, *Hamster* (taureau, blond d'Aquitaine, 900 kg, vingt-deux mois, crème) aimerait bien me charger quand je passe trop près de sa boîte, *Imposant* (taureau, blond d'Aquitaine aussi, 900 kg, vingt et un mois, crème) l'est en effet. Dès que j'ouvre le râtelier des moutons, *40 771* s'approche donc, *Indigo* (taureau, blond d'Aquitaine, 700 kg, dix-sept mois, crème) ne l'est en rien. Les noms, je les ai cherchés : j'ai dans ma cabine un dossier où se trouvent les passeports et les certificats sanitaires des animaux. Taureaux et chevaux ont des noms, et une généalogie. Les moutons n'ont que des numéros. Il y a les noms certes, mais il n'y a les noms que parce que je les écris, parce que la curiosité des patronymes, de ces carnets de santé que j'aime lire aux heures de pause et que j'ai sous les yeux (ainsi le poids des taureaux : *Indigo* pesait 51 kg à la naissance, 205 kg à quatre mois et 327 à sept mois. Sa grand-mère maternelle, *Dahlia*, n'était, elle, que petite chose ne pesant que 40 kg à la naissance, 143 à quatre mois et 238 à sept mois). Il y a les noms, mais il n'y a pas le langage. Je ne les prononce pas. Au milieu des bêtes, je ne les connais plus. Dans mon troupeau, mes yeux reconnaissent le taureau qui a un tuyau d'arrosage vert autour de la chaîne qui relie l'anneau entre ses naseaux et ses cornes, celui qui est un peu plus clair que les autres dans la première boîte, celui qui est un peu plus gros dans la seconde, celui qui maîtrise bien la bascule de sa tête pour faire passer ses cornes à travers le râtelier ; il y a la pelote blanche (tache blanche sur le front) du hongre bai tout au fond, le poitrail fin d'une jument alezane. C'est un langage des yeux. À qui parlerais-je ? Les moutons sont un peu mon regret, ils sont comme dans une fosse (j'ai ajouté des planches de bois de peur qu'ils ne sortent, sautent à travers le râtelier et s'échappent : je ne les vois pas en passant à travers ma cour de ferme). Il faut que je monte sur le râtelier, que je me penche par-dessus les planches. Parfois je m'assois là-haut, sur une balle de copeau, et je regarde mon écurie comme un paysage de poils, de cornes, de naseaux et de nez, d'oreilles, de laines emmêlées, de crins noirs ou alezans, d'encolures basses ou relevées.

Une semaine avant le départ, j'avais appelé ma cousine, elle avait été bergère : « *Qu'est-ce que tu peux me dire sur les moutons ?* – Comme ça, au téléphone ?! – *Oui.* – Bon, si jamais tu as besoin, il faut que tu saches attraper un mouton. » Elle avait eu deux mille brebis, à l'alpage, plusieurs étés de suite. « Tu leur attrapes une patte, une de celles de derrière, la droite ou la gauche, c'est comme tu veux, mais au-dessus du jarret. Bon… là tu fais attention, parce qu'elles donnent des coups de pied et que les onglets ça peut être tranchant. Donc, t'as attrapé la patte – tu la lâches pas, hein ! –, après tu passes ton bras sous le cou du mouton – parce qu'il faut savoir que toute la force du mouton, elle est dans son cou – et tu lui lèves la tête. Après tu le bascules, tu l'assois, tu le cales entre tes genoux. Quand il est calé, tu passes ton autre bras sous ses pattes de devant : là, il bouge plus, tu peux le soigner. » Est-ce que j'avais compris ? Je crois. Et puis elle m'a parlé d'onglons (pieds des moutons), de météorisation (accumulation de gaz dans l'abdomen) et de mammites (inflammation des glandes mammaires).

★

L'événement du jour à bord a été l'ouverture de la cave. La cave ! Tout se passe au pont A, entre le *ship office* et la chambre froide à l'autre bout du couloir, et, pour la première fois, j'ai vu tous les marins ensemble (seul un timonier était resté à la passerelle). « La cave », c'est la cantine des marins (celle où on peut faire des achats, celle du verbe « cantiner »). Il y a un catalogue (il traînait au salon passager au pont E) : deux pages de cigarettes et d'alcool, et une autre regroupant quelques friandises et des produits d'hygiène (brosses à dents, savons, shampoings, déodorants...). Nous sommes dans les eaux internationales. Un petit billet pour un litre de whisky, pour une cartouche de cigarettes. Les prix défient toute concurrence. « La cave » n'ouvre qu'une fois par traversée, et c'est une fête. Le second capitaine distribue des petits papiers au *ship office* et note les commandes de chacun (les achats sont retenus sur les salaires), puis on fait la queue dans le couloir. La première station est une sorte de grand placard dans lequel se tient le commandant que pour la première fois je vois en civil (il porte un tee-shirt blanc, soudain vieux trafiquant, homme d'expérience, comme si la mascarade des ports était enfin finie et qu'aussi être marchand salissait un peu les costumes). Le commandant tient la garde d'une montagne de tabac. Il y a des cartouches de cigarettes du sol au plafond. Parfois, il tente une vaine remarque : « Quatre cartouches ! », ce à quoi un marin répond qu'il va les fumer : tout le monde revend à terre ces cigarettes achetées hors taxes. C'est un jeu avec la douane. Puis le commandant referme, jusqu'à la prochaine traversée, ce placard à la porte épaisse aux multiples serrures et se dirige vers la réserve du cuisinier. On se tient contre les murs pour le laisser passer. Il y a un peu d'excitation. La réserve du cuisinier est pleine comme des rayons de supermarché : nous pourrions naviguer des semaines. Au fond, dans une sorte de grande cage grillagée, sont enfermées des palettes d'alcool. Chacun donne son ticket et repart qui avec des packs de bière, qui avec des litres de whisky, de pastis, de rhum. Et il y a des sourires adolescents, d'enfants pris sur le fait, sur le visage de ces hommes remontant dans leurs cabines avec les litres achetés. Et moi, j'avais cinquante bières dans les bras.

*

Je me rappelle l'étonnement, le goût de mes premières nuits. Je me rappelle régler mon réveil au milieu d'elles, pour elles, monter à la passerelle qui est tout obscurité – les hommes doivent pouvoir percer la nuit, toutes les lampes sont éteintes, l'écran des radars se règle au plus bas, à peine quelques traces comme quelques étoiles et quelques lignes rouges ou vertes, la chambre des cartes marines et sa lampe de chevet fermée d'un épais rideau. Je me rappelle de ces nuits qui gardent la chaleur du jour, des mots feutrés, des sourires invisibles, des cigarettes fumées dehors. Peut-être que je suis revenu pour ces nuits.

Les nuits de pleine lune, il fait jour, jour de la lune qui est pleine et fait de la mer un drap blanc. Je me rappelle avoir vu des dauphins avant le petit jour, que la mer était le plus beau des drapés. Il est 1 heure du matin. Le bateau est tout de silence. Je suis monté au souvenir de ces nuits. Ascension, escalade, du bateau (la nuit, l'ascenseur dont la machinerie donne sur la chambre et le sommeil du mécanicien oblige aux marches), ascension parce que ces marches ne sont pas celles des cages d'escalier sur terre : ici les marches sont plus hautes, le souffle se fait vite un peu court, comme si on était en altitude. La passerelle est un toit du monde et un cormoran est ce soir sur ce toit pris au piège. Volait-il distrait – à quoi pensent les oiseaux qui volent, à quelles pensées se laisse aller un cormoran une nuit de pleine lune – pour percuter un porte-containers dans une mer immense comme l'on se prendrait un poteau en pleine rue. Il est bête en cage, faisant les cent pas, non pas ceux de celui qui cherche à tuer le temps, mais ceux de la panique la plus absolue, entre les deux rambardes du balcon tribord, ne trouvant plus où ni comment reprendre son vol. La sauvagerie d'une peur toute proche. Ses pas, ses pattes palmées et noires, martèlent le sol avec frénésie, peut-être est-ce le rythme de son cœur affolé. 2 mètres dans un sens, 2 mètres dans l'autre. Sa tête cherche, ne comprend pas : quelle est cette cage au-dessus des eaux?

Mardi 30 septembre – Atlantique jour 2

Je note encore mes gestes, mes mouvements (le cormoran s'est d'abord épuisé, immobile comme voulant être invisible, cherchant à s'oublier, collé à la rambarde de fer : « Il était encore là vers 3 heures et demie du matin, mais quand j'ai voulu aller le voir, juste avant la fin de mon quart, m'a raconté Noli, il y avait autant de silence que de vide sur la passerelle : il avait disparu »). Trajet de la cabine aux animaux. D'abord descendre. Il y a l'escalier et l'ascenseur : par mer, quand le bateau roule et qu'on est dans les étages, on est dans cet ascenseur petit jouet agité, comme dans un pendule. À chaque palier, une porte donne sur un couloir qui perce le bateau de part en part : au bout, de chaque côté, des portes s'ouvrent sur de petites terrasses au sol gras de la suie des cheminées, sur des balustrades où regarder la mer. Du pont A, qui est le plus bas de l'ascenseur, un escalier descend encore. Là est le vestiaire, à côté de la porte de la salle des machines et de celle de la salle de sport. Toutes ces portes sont lourdes, ferment avec de grandes poignées de fer. L'odeur est d'huile. On m'a donné un petit casier pour laisser ma combinaison, mes chaussures de sécurité et mes gants. Le bateau est une grotte. En sortir, c'est être ébloui. Il y a la lumière, mais surtout cet horizon qui est tellement horizon qu'il est absence d'horizon. Marcher vers l'avant, les premiers pas en apnée en passant le long des ventilations des cuves et de la salle des machines qui soufflent des vapeurs de fioul lourd puis – le corps sait déjà le nombre de pas, s'est déjà moulé dans l'espace – monter une échelle après la position 30, se glisser par une trappe, se faufiler entre les containers, se retrouver au fond de ce trou où sont les bêtes.

Je reçois quelques visites à la ferme. Il y a Orlando et Richard qui passent, casque blanc sur la tête, gilet jaune sur le dos, tous les matins à la même heure. À bord, ils sont les *reefermen*, hommes des containers réfrigérés, frigoristes dirait-on à terre ou si la langue du bord était le français. Chaque jour, ils vérifient un à un le fonctionnement et la température des quatre cents containers réfrigérés embarqués sur le *Saint-Pierre*. Leur journée est toute à ce chemin de ronde, deux fois répété, cales puis pont, d'écran de contrôle en écran de contrôle. Leurs containers sont blancs et, s'il n'y a pas de silence à bord, ce sont eux les coupables. C'est un vrombissement permanent, lourd, venant de toutes parts. Quatre cents moteurs. Un écran donne, sur la paroi de ces containers, la température intérieure. Les moteurs des containers de produits surgelés (–23 °C) travaillent sans relâche. D'autres s'allument et s'éteignent au gré des thermostats. Yoann, le bosco, passe, lui, vers 9 heures du matin sur le chemin de sa tournée – tous les matins il vérifie que chaque chose est à sa place, que rien n'a bougé, que rien ne fuit, que rien sur le pont et dans les cales ne doit inquiéter – et s'arrête fumer une cigarette ou deux, souvent trois, pose des questions sur les bêtes. Michael est apparu aujourd'hui dans ce monde, dans ma petite cour, entre ces murs qui ne laissent qu'un rectangle de ciel. Michael porte un sourire extraordinaire et m'a dessiné la plus belle des cartes d'Inde – toutes les côtes, les îles, toutes les presqu'îles, les baies et les estuaires – dans la suie collée sur la tour de la grue, puis il a posé son doigt sur une ville : « *This is my place, I'm a fisherman.* » Un homme, pêcheur, s'embarquant repeindre un bateau sur d'autres océans le temps de la mauvaise mer chez lui et pensant chaque jour au sien. Il m'a dit : « Je pêche la nuit, c'est très beau. »

*

Cet après-midi *Indigo* a soulevé *Ixel* (dans la deuxième boîte de taureaux, le plus clair et le plus petit – je vous donne les noms). *Indigo* avait donc soulevé *Ixel*. Je suis arrivé vers 15 heures pour remplir les seaux d'eau et voilà que l'un était perché sur l'autre. Les antérieurs à terre, les postérieurs levés, l'aine coincée sur le cou de l'autre entre son garrot et ses cornes. Taureau à cheval, stoïque, coincé. J'ai attrapé par-dessus la porte la queue d'*Ixel*. J'ai tiré, de toutes mes forces : toboggan, glissade. *Indigo* a enfin baissé la tête, l'arrière-train d'*Ixel* a retrouvé le sol de copeau, de bouses et de foin. *Indigo* a secoué la tête.

Honneur et *Hamster* n'ont pas d'anneaux dans le nez et n'aiment pas que je les approche. Ce sont les plus gros. *Important*, *Instant* et *Ibis* (l'année suivante, celle des I) sont un peu plus petits (ils ont dix-huit mois et pèsent 700 kg) : ils cohabitent bien, changent de place régulièrement dans leur compartiment, arrivent à se coucher et à se lever sans se gêner les uns les autres. *Ixel*, *Indigo* et *Isar*, un peu trop serrés, parce qu'un peu plus gros et moins dégourdis, s'en sortent moins bien : ils ne cessent de se cogner les uns aux autres, et voilà qu'aujourd'hui *Indigo* avait soulevé *Ixel*.

Sur ce bateau, je suis dans un entre-deux : ni tout à fait équipage, ni tout à fait passager. Je travaille, mais mange à la table des passagers. À bord votre condition est surtout celle de votre place à table. Le commandant mange en milieu de tablée, face au chef machine qui est après lui dans la hiérarchie à bord. Les autres officiers vont autour. Les marins sont à l'autre bout du couloir, de l'autre côté de la cuisine. À tribord, chez les marins, les Philippins prennent leurs repas dans la salle à manger, les Français ont choisi de manger à part dans leur salle de repos. Les contrats, les salaires, ne sont pas les mêmes, le nombre d'heures travaillées par jour non plus. Et de là, la difficulté de l'internationalisme à bord. Je ne croise les marins qu'au travail, je ne croise pas ceux qui travaillent à la machine et ma place à la table des passagers est une glace à briser. Les animaux aident, les taureaux surtout. Ils impressionnent et amènent les visites. Ceux qui viennent me font l'effet d'apparitions. Souvent je ne vois personne pendant plusieurs heures. Deux fois seulement, depuis le départ, j'ai vu l'équipage réuni. Il y eut la cave et hier soir. C'était un exercice : incendie et abandon du bateau. Il y avait là quelque chose d'exceptionnel, presque une ambiance de fête.

*

Que faire avec tant d'eau ? Je veux dire, qu'écrire ? Je crois qu'il me faut des villes, qu'il me faut des montagnes, des choses qui se cachent, des choses qui se découvrent. Que voulez-vous découvrir dans une immensité d'eau ? Ah oui : hier, j'ai vu un dauphin. Et alors ? Il était loin. Et ce n'était peut-être qu'une tache d'un bleu un peu plus gris que le bleu alentour. Ou alors il faudrait aller beaucoup plus lentement, dériver, pour apprivoiser une eau et la décrire. Tout ça est très beau, mais un peu trop grand. Alors, c'est au bateau qu'on s'attache : à ses escaliers extérieurs (peut-être parce que là sont quelques recoins), à la peinture verte au sol des terrasses (parce que, malgré tout, la végétation manque à l'œil), aux balustrades qui font ces si beaux balcons au-dessus de l'eau ; aux retrouvailles chaque jour comme un chez-soi avec la taille des marches de l'escalier intérieur et avec l'ascenseur de fer qui fait tant cage de puits de mine, avec l'odeur de graisse et de fer du vestiaire, avec le poids des portes étanches, la lumière des débuts d'après-midi à la passerelle (qui est lumière et torpeur du début des mois d'août), la sensation de marcher sur l'eau quand je vais le long des plats-bords, avec ce qu'il y a de la cabane et de la cachette dans les échelles et les couloirs qui vont entre les piles de containers.

Étudiant, à Toulouse, je travaillais sur un bateau-mouche. Il arpentait, en allers et en retours, comme en un labour, le canal du Midi ou la Garonne. À bord, j'étais homme à tout faire : tour à tour guide, matelot, cuisinier, plongeur, serveur... Le bateau était stationné dans le bassin des Ponts-Jumeaux, à l'intersection des différents canaux toulousains et du fleuve, en contrebas d'une bretelle d'autoroute. Tous les matins, on partait de bonne heure, on empruntait le canal de Brienne pour rejoindre le fleuve – les touristes se chargeaient sur un quai le long de la Garonne. Le trajet était court, à peine 1 kilomètre, et je nettoyais le bateau, serpillais les ponts, installais les chaises par rangées de trois, vidais les poubelles de la veille. Je goûtais l'absence des passagers, de commentaire dans les haut-parleurs, d'être seul sur le bateau. Arrivé au bout du canal, à l'endroit où il se plie vers la droite comme une tige de noisetier, le bateau pénétrait dans l'écluse Saint-Pierre : je montais à l'échelle du bajoyer pour tourner les manivelles des portes et des vantelles. Une fois la bassinée effectuée, je redescendais par l'échelle dont les barreaux glissaient et dégoulinaient de mousse et de l'eau vidée pour remettre le pied sur la péniche. Je marchais alors jusqu'à la proue. Le bateau sortait de l'écluse, s'en allait affronter la Garonne, fleuve immense après l'étroitesse du canal, après ce chemin entre des œillères de platanes. Un léger clapotis parcourait la surface de l'eau. C'était un cap Horn, une mer merveilleuse.

Mercredi 1er octobre – Atlantique jour 3

Pourquoi est-ce que je n'ai pas plus de lignes de haute mer ? Pourquoi est-ce qu'il y a si peu de mots ? Huit jours que l'on va avec de l'eau autour. Y a-t-il si peu à dire ou est-ce qu'on ne devient pas marin en quinze jours. C'est un voyage à demi aveugle. Je ne sais pas voir. La menace, c'est l'état de sidération. Sidéré d'eau, de containers, de solitude. Noyé d'eau, de containers, de bruits (la machine, le vent, les containers réfrigérés, les ventilations des cales – jamais ne serait-ce qu'une seconde de silence à bord), de couloirs vides, de cabines impersonnelles, de marins qui ne se connaissent même pas entre eux, des tremblements du bateau. Alors le tropisme c'est les bêtes. Tropisme du soigneur et tropisme animal. Aller, encore, voir les bêtes, vérifier que tout va bien, parce qu'elles sont seules au milieu de l'eau, au fond de la montagne de fer, qu'elles ont peut-être renversé leur seau et qu'il commence à faire chaud (les taureaux m'inquiètent, ils ne mangent pas assez), qu'il y a peut-être une blessure et qu'on est si loin de la terre, qu'on n'est pas chez soi – on est au milieu de l'Atlantique avec huit chevaux, autant de taureaux et quinze moutons, voilà ce que l'on vous a confié : des vies sur l'eau. Aller voir les bêtes contre la sidération, parce qu'elles mangent, parce qu'il y a les langues qui vont chercher le foin, les joues pleines des moutons et des taureaux allongés qui mâchent et remâchent encore, parce que l'odeur du foin, parce que l'odeur du copeau, parce que je pourrais repasser un coup de balai, parce qu'il faut regarder le poil qui dit tout d'elles, parce qu'il y a les crinières que je démêle, les queues que je démêle, les plaies à soigner, parce que dans les plaies il y a du sang, parce qu'il y a leurs yeux qui vous font confiance mais qui parfois, quand même, semblent se demander si là est leur vie maintenant, sous la grue, dans cette tranchée de fer, horizon 2,50 mètres, un autre container, depuis combien de jours déjà. Je crois que j'ai plus regardé les bêtes que la mer.

Je me souviens d'avoir lu qu'à la fin du XIXe siècle plusieurs centaines de chevaux de trait percherons partaient chaque année sur les mers, vendus par les paysans normands pour aller tirer les lourdes diligences dans l'Ouest américain. Tant de chevaux, que ces grands percherons noirs prirent le nom de leur fonction : on parla bientôt des percherons diligenciers. Il se dit même qu'une année les Américains achetèrent trois mille chevaux dans les fermes du Perche et les concours agricoles. L'Atlantique était plein de chevaux.

*

Il y a Bonnard, Monet, Renoir. Il y a des peintures délavées. Il y a des fleurs en plastique. Il y a ces murs qui sont d'un hôpital, d'une école, d'une administration, enfin des murs, des couleurs, des couloirs qui disent le lieu de passage. Des beiges et des pastels. Qu'importe si certains des marins passent neuf mois à bord. Après ils iront sur un autre navire. Ils ne sont pas ici chez eux. La compagnie a tellement de navires. Les *ships* sont *sisters*, chaque chose est à sa place. Et quelqu'un, quelque part, a un jour décidé que, sur tous ces navires, Renoir irait dans la salle à manger des officiers et que Monet irait, lui, au bout du couloir, dans celle des matelots.

La mer est une plaine. Il n'y a toujours pas de vagues. Une plaine ou un lac. C'est une idée des gens de la terre que l'océan, le large, soit forcément en colère. Cet Atlantique-là est très paisible. Parfois il y a de très vieilles collines, une houle très douce, longue érosion, très vieille mer, mélancolie des tempêtes passées sous une lumière d'Espagne. C'est un début ou une fin de géographie. Des jours que l'on avance là-dedans.

⋆

Le jeudi 30 mai 1935, le *Normandie* passait au large de Bishop Rock, à quelques milles à l'ouest des Cornouailles. C'était sa première traversée. Le *Normandie* est alors le plus grand paquebot du monde, le plus luxueux aussi. Ses salons peuvent accueillir plus de deux mille passagers. Mille trois cents hommes d'équipage sont à bord. Pour son voyage inaugural, l'objectif est de conquérir le ruban bleu, le record de la traversée de l'Atlantique, détenu depuis deux ans par le *Rex*, un paquebot italien. La compétition est autant nationaliste que technologique. Le *Normandie* file à près de 30 nœuds. Dans les salons des premières classes, le Tout-Paris se presse pour admirer le luxe des décorations intérieures et assister à l'espérée victoire du paquebot français. Le 3 juin, le *Normandie* entre dans le port de New York. Le record est battu : quatre jours, trois heures et vingt minutes ! Le *Normandie* a traversé l'Atlantique à une vitesse moyenne de 55 kilomètres par heure. Mais l'ont-ils vu, les passagers, cet océan ? Contrairement aux autres écrivains et journalistes embarqués pour couvrir l'événement, Blaise Cendrars demande une cabine en seconde. Avant le départ, il a prévenu le directeur de *Paris Soir*, à qui il dicte chaque soir ses papiers par radio « Ce qui m'intéresse ce sont les machines. Les tralalas et les belles réceptions des gens du monde, j'en ai rien à foutre. »

Le temps n'est plus aux records, à la vitesse, mais aux économies de carburant. Les *Fort* de la CMA-CGM traversent l'Atlantique en neuf jours. Ils ne vont que de 20 nœuds, indolents des mers.

Les vraquiers vont plus lentement encore. S'il y a une course aujourd'hui, elle est au gigantisme. À l'automne 2012, la CMA-CGM prenait livraison du *Marco Polo*. C'était alors le plus grand porte-containers au monde (depuis il a été dépassé de quelques mètres par un navire de la Maersk) : il peut charger 16 000 containers. Le *Marco Polo* mesure 396 mètres de long et 54 mètres de large. Le tirant d'air est de 51 mètres. Seuls vingt-quatre hommes sont à bord. Avant le départ, j'ai lu un article sur les bateaux-drones. Il était écrit que tout était au point pour que ces porte-containers naviguent bientôt sans équipage, que ce n'était qu'une histoire de temps, de quelques décisions, que le temps des hommes sur la mer était compté.

*

Il y a aussi des légendes, et qui n'en sont peut-être pas. Les latitudes de cet Atlantique, si calme, où rien ne bouge, ni le soleil qui reste haut, ni le vent qui ne vient plus, ni les vagues qui se reposent, ces latitudes portent un nom : les latitudes des chevaux – *horse latitudes*. Il se dit que parfois, par ici, du temps des voiles, quand les navires espagnols partis pour les Antilles ou les Amériques se retrouvaient encalminés (pris par le calme, prisonniers du calme) des jours et des jours, qu'on ne faisait rien d'autre qu'attendre, qu'on ne pouvait rien faire d'autre qu'attendre, qu'après tant de ces jours, quand l'eau potable venait à manquer, il se dit que parfois on jetait les chevaux par-dessus bord.

Jeudi 2 octobre – Atlantique jour 4

Un ami, voyageur, m'a raconté un jour que pour ne pas se perdre dans la suite des jours et dans la somme des paysages rencontrés – il était parti, une année devant lui, avec cette idée pleine de fougue de faire le tour du continent sud-américain à vélo –, il m'a raconté que, chaque soir, avant de se coucher sous sa tente si basse et si petite qu'elle ne le recouvrait qu'à peine, il ajoutait à sa mémoire le nom de son bivouac à ceux des précédents et récitait, s'efforçant de ne jamais consulter ses notes, la longue kyrielle des toponymes, des points de chute, des lieux où cette petite tente, où son sommeil, où les bras de la fatigue l'avaient pris. Il perdit le fil pour la première fois après cent vingt jours.

Déjà les miens s'emmêlent : quel jour ai-je fait une injection à la petite pouliche que les escales avaient inquiétée, quel jour nous a-t-on servi de la langue de bœuf à table, quand ai-je parlé à Michael pour la première fois, quel jour ai-je découvert cette seconde bibliothèque à bord cachée dans les placards de l'*owner's room*. Les livres, dont les auteurs pour la plupart m'étaient inconnus, étaient reliés et ornés du logo de la Compagnie générale transatlantique ou des Messageries maritimes, lointaines aïeules de la CMA-CGM. Il y a les livres qu'on pilonne et ceux qui restent et passent d'un bateau à l'autre, peut-être pour remplir un placard vide, en sursis le temps d'une vie de bateau. De la langue des ports : les bateaux en fin de vie ne se pilonnent pas, ils se déchirent. Quel jour avait-on croisé ce bateau de guerre russe et le tout dernier avant la mer vide, ce roulier au large du Finistère espagnol ? Et cet oiseau entre les Açores ? Depuis combien de jours plus de bateaux, plus d'oiseaux, plus d'îles ?

Le bateau est un monde de ponctualité et de routine : horaires des repas, ceux des marins (les officiers de la machine s'installent face à la mer et ceux du pont dos à elle) et ceux des bêtes (les chevaux face aux chevaux, les taureaux face aux moutons), horaires des changements de quart, horaire de la vérification de la température des quatre cents containers réfrigérés, horaires du lâcher des ballons à l'hélium (deux fois par jour, un gros ballon blanc à la queue duquel pend une sonde dans un écrin de polystyrène est lâché dans le ciel. À l'écran qui reçoit tout et dit tout, à la passerelle, les mètres augmentent, la température diminue et les données filent vers les météorologistes à terre. Dans le ciel d'azur, le ballon disparaît de la vue. Il monte encore, les mètres augmentent, augmentent, la pression diminue, le ballon gonfle et gonfle encore. 22 000 mètres au-dessus de l'eau, c'est l'explosion et la chute : quelque part dans l'Atlantique deux fois par jour une sonde tombe), horaire de la ronde du matin du bosco, horaire des siestes, horaire du karaoké (dans le carré des Philippins, après le repas), horaire de la ronde de l'après-midi du bosco, horaire (21 heures) du film dans le carré des marins français. Tout à bord a son heure. Horaire du changement d'horaire : à l'aller, si l'on peut parler d'aller – dix ans que le *Fort-Saint-Pierre* va d'un pied sur l'autre des Antilles à la métropole, une rotation par mois –, à l'aller les journées sont longues de vingt-cinq heures. Tous les soirs, une fois au large, et six jours de rang, on ajoute une heure à celles à vivre. On va vers la Martinique et vers l'heure de la Martinique. L'impression en est curieuse. On mange, le soir c'est à 19 heures, après peut-être on regarde un film, ou on lit quelques pages, il fait noir et le bruit de la machine berce. Alors on va se coucher (les marins sont couche-tôt), on recule sa montre et il n'est que 21 heures. Une heure change tout : on n'est pas loin de sentir s'offrir à soi une troisième demi-journée, mais on se lève et on se couche sans sommeil. Le matin, chaque jour on est debout plus tôt avec une fatigue diffuse. Les fuseaux horaires sont une course de haies.

*

16 heures, escalier, pont F, un marin suivi d'un autre. « *Where is the bridge ?* » La passerelle est, comme dans tous les navires, au dernier étage, en haut, vue dégagée sur la mer, belvédère des timoniers. Et c'est à moi que l'on posait la question ! Marins certes, mais marins des profondeurs, de la machine : graisseurs, électriciens, mécaniciens, ingénieurs, tous hommes du fond, marins de traversées aveugles. « La machine » est un puits, une

mine, un second monde dans le monde. Je n'avais jamais vu ces deux-là. La chaleur, le bruit, les vibrations viennent du fond. Chaque jour je vois des hommes disparaître. On se croise au vestiaire au petit matin ou juste avant les repas. Je mets ma cotte verte, agriculteur à bord, et parfois un peu de foin ou quelques copeaux s'échappent de mes poches, et eux mettent la leur qui est bleue et qui tient d'odeurs de graisse et de fer. Ils vont par cette porte barrée de rouge. Ils travaillent « à la machine » : il y a des singuliers qui disent des pluriels : « la machine » est pleine de machines (moteurs, groupes électrogènes, pompes, propulseurs, chaudières), la salle des machines est un labyrinthe de salles et de couloirs. Elle a ses puits, ses galeries qui mènent vers l'avant, ses petites pièces où l'air vient (miracle de la ventilation) et où il fait un tout petit peu plus frais, ses grandes cavités où l'on étouffe, ses boyaux et d'autres puits encore. Hommes du fond. Ce que les hommes de la machine savent des mers, ce sont les températures. À combien est l'eau ? Ils n'ont pas besoin de sondes. Le bonheur des mers froides ! Ces eaux qui refroidissent leur monde. Depuis quelques jours, dehors, nous, hommes du pont, le savons, l'eau se fait chaque jour plus bleue : on approche des

Antilles. Hier, le bosco a rempli d'eau de mer la petite piscine qui est sous les cheminées et autour de laquelle le sol est si gras de la suie de ces mêmes cheminées : l'eau du bain et des Caraïbes est douce de ses 28 °C. Au fond du *CMA-CGM Fort-Saint-Pierre*, à la machine, on approche des 40 °C.

Il y a deux plages à bord. On ne s'y rend pas avec les mêmes intentions. La plage avant est celle de l'exposition – le large s'y expose majestueux – et des sommets balayés par les vents et le soleil, de ceux où l'on croit dominer le monde. C'est l'unique lieu d'un peu, ou presque, de silence à bord : les moteurs sont loin, on ne tremble plus, mais ce silence ne s'obtient qu'à la seule condition de tourner le dos à la mer et au large, au vent qui vient si fort vers soi, qui s'engouffre partout et surtout dans vos oreilles. Tous les jours, en fin de matinée, je me tourne quelques instants face à ce mur de tôle peint en blanc qui sépare des piles de containers. J'écoute. Je prends un peu de repos. Il n'y a plus de bruit. La plage avant est un bout du monde, ou une île. Le bateau, notre terre, n'est presque plus. C'est un promontoire. Il faut longer les 200 mètres de plat-bord – il ne faut pas sous-estimer les distances, on ne peut pas aller plus loin, il ne faut pas sous-estimer le dépaysement d'un tel voyage, la plage avant –, puis monter quelques marches, et l'on se retrouve au-dessus de l'eau, sous une ancre gigantesque, debout entre quelques treuils et des cordages enroulés. L'horizon se jette sur vous. Le château serait la ville, les containers une Camargue flottante, un marais, où parfois l'on se rend pour travailler, mais où déjà l'homme n'est presque plus, et cette proue, plate-forme où l'on se tient face à ce vent qui, lui, ne faiblit jamais, serait autant un bout du monde que l'annonce des ports à venir.

La plage arrière est, elle, comme une pergola. Une pergola sur le toit de laquelle on aurait entassé quatre étages de containers et des milliers de tonnes. Colonnes et balustrades forment un paysage, une esplanade couverte. L'hélice de 7 mètres de diamètre crée un remous fabuleux de turquoise, d'or et de neige. L'atelier de Yoann donne là. Les hommes du pont y ont leurs outils. C'est aussi le lieu des pauses pour ceux de la machine : un boyau et un escalier débouchent du monde souterrain dans l'une des colonnes de la pergola. Quelques poubelles, une douce odeur de graisse et d'huile usagée, des bittes d'amarrage, des cordages qui rompent la domination du fer, font presque végétation en s'enroulant autour des cylindres d'acier, des balustrades sur l'eau invitent à la rêverie – la proue invite, elle, à la guerre –, tout ici semble à échelle plus humaine. Le pont n'est plus si haut, même l'eau prend forme, cesse d'être idée et se fait matière. On ne voyage plus suspendus au-dessus de l'eau. On navigue enfin.

⋆

Sur le *CMA-CGM Fort-Sainte-Marie*, l'an passé, peut-être après ce même nombre de jours de traversée, un verre m'avait lié avec le second mécanicien. « Viens demain. » J'avais passé avec lui cette lourde porte qui dit « *ENGINE* » et donne sur une première échelle descendant vers ce fond. On ouvre, et le souffle chaud qui cherche une sortie se rue sur vous. C'est immense, le monde souterrain des bateaux est immense. On y descend avec deux casques : un sur la tête, l'autre sur les oreilles. Le second mécanicien était un guide généreux : ses lèvres bougeaient de ses mots, ses mains montraient pompes et pistons, groupes électrogènes et chaudières, enfin ce que je croyais être pompes et pistons, groupes électrogènes et chaudières, parce que je dois le dire : je n'entendais rien. Le casque vous projette dans un monde de silence. Que faire ? Enlever le casque pour écouter ? Il y a le vacarme de la machine : on n'entend pas plus. Assurément ces hommes savent lire sur les lèvres. J'avais posé quelques questions, par politesse, et qui sûrement n'avaient rien à voir avec ce dont le second mécanicien m'entretenait. Il me répondait en souriant.

Vendredi 3 octobre – Atlantique jour 5

« Quoi de plus doux qu'un mouton, dira-t-on, que des hommes qui vivent constamment avec cet animal que la sagesse des nations a pris pour parangon de la douceur : doux comme un mouton ? Le mouton n'est pas doux, il est bête. Les rapports constants avec la bête font habiter un monde extravagant. Le bélier est un animal agressif, les brebis viennent en droite ligne des procès en bestialité du Moyen Âge. C'est en compagnie de cette bêtise, de cette agressivité, et de cette tentation malsaine que les hommes d'ici vivent tous les jours que Dieu fait, dans la solitude la plus totale. Pour le commun des mortels, le berger est un homme qui rêve, appuyé sur son bâton. Bien sûr qu'il rêve, que voulez-vous qu'il fasse d'autre, mais il est dans la situation d'être à chaque instant tenté de réaliser ses rêves sans gros empêchement majeur. Il n'a qu'à mettre de côté certaines lois, certains préceptes, certaines coutumes. C'est vite fait. Quoi de plus succulent que de tourner les lois et de ridiculiser les coutumes ? Surtout quand la vie qu'on mène est dure : le vent, le froid, la neige, la pluie, la solitude, la peur ; non pas la peur que nous connaissons tous, qui nous saisit en paroxysme et dont on sort, mais la peur endémique et dont on ne sort pas ! Dieu nous préserve du rêve des bergers ! Gengis Khan était un berger. L'œil du mouton est un orifice par lequel on peut regarder subrepticement les ébats voluptueux de la bêtise. Après ça, évidemment, on n'ira pas raser Samarcande et dresser aux bords de l'Oxus des pyramides de milliers de têtes coupées, mais c'est qu'on est seul : l'envie ne manque pas c'est le nombre. »

Jean Giono, *Ennemonde et autres caractères*
1968

Avant le départ, assez curieusement, alors qu'à la solitude du berger s'ajouterait celle du marin, qu'à l'immensité des alpages se substituerait celle de l'océan, et au contraire de ceux à qui je parlais de ce voyage avant le départ, les taureaux ne m'inquiétaient pas ou plutôt je ne m'inquiétais pas pour eux. Les bovins, me semble-t-il, ont à voir avec la pierre, avec la statuaire, avec sa force et son immobilité. Enfin, c'est ce que je me disais. Maintenant les taureaux m'inquiètent. Ils ne voyagent pas bien. Je trouve que les taureaux ne mangent pas assez. Ils passent le plus gros de leur temps couchés, ruminent mais ne mangent pas assez de foin et accusent la chaleur qui chaque jour augmente. Certains ont perdu du poids, de l'état, et semblent faibles ou résignés. Il y a tant de fumier sous eux que le niveau a monté dans les stalles. Les chevaux aussi me semblent plus grands. Je ne peux pas vider le fumier alors je le recouvre chaque jour d'un peu de copeaux de bois, un drap propre sur des draps souillés, et peu à peu voilà que le niveau monte. Les moutons, eux, m'ont tout à fait adopté. J'aime les regarder mâcher ce foin qu'ils chiquent comme un tabac. Leur laine est grasse. Je me suis habitué à l'odeur. Les huit chevaux sont ceux qui voyagent le mieux, le poil se fait plus beau, *Anonymement* qui était arrivée si sèche de ses courses a pris du poids, seule l'immobilité lui pèse un peu : ses postérieurs ont un peu gonflé.

Ce matin, j'ai refait tous les nœuds avec lesquels j'attache les chevaux. J'ai rangé le container de matériel, jeté à la poubelle tous les sacs de copeaux vides, toutes les ficelles de lieuse ; j'ai passé le balai à l'intérieur de ce container grange, j'ai nettoyé tous les seaux d'eau, recompté les balles de foin et de copeaux, vérifiant ce stock et les jours de mer, graissé les pieds des chevaux et passé plus de temps encore sur les huit pansages. On me mettrait le double d'animaux, je n'en serais pas malheureux.

*

Bien sûr, il y a la machine, le vent, les nuages qui ne sont jamais les mêmes et les terres au-delà de l'horizon, les écrans et les cartes, et cette heure qui chaque jour s'approche un peu plus de celle des Antilles, il y a aussi la température de l'eau qui chaque jour fait siens quelques degrés de plus (hier 26,3 °C, aujourd'hui 27,2 °C), mais il y a surtout la permanence, ce monde figé : cet unique paysage d'eau, l'infatigable vibration sourde et chaude de la machine, et si l'on y songe bien, là où tout est suspendu, immobile, c'est à bord. C'est le paysage du bord qui ne change pas. C'est à bord qu'il n'y a pas d'hommes. Il faudrait plus de peintres, d'autres Michael, d'autres histoires de pêcheurs, qu'on y mette plus de couleurs, et peut-être quelques fleurs. Ni de cette traversée ni de la précédente, je n'ai jamais ressenti l'immensité de l'océan. Si l'on se sent perdu c'est toujours parmi les tonnes de ferraille et l'amoncellement des containers ; si l'on est assourdi, c'est par les machines ; ce qui, chaque jour, est grand, démesuré, ce n'est pas l'océan, c'est toujours le bateau.

La mer est comme une autoroute. Mais une autoroute qui avancerait avec le camion, qui serait un tapis roulant – les chevaux courent sur des tapis roulants –, un voyage qui emmènerait son paysage. Les chauffeurs routiers ne disent-ils pas que le grand ruban défile. L'autour de soi figé. J'aurais dû noter les noms des mers : on peut faire des livres avec des noms. L'Amour, le détroit des Dardanelles, le mont Viso... Est-ce que les vagues ont des noms ? Je crois que la poésie se cache dans les containers, dans les points de rouille, dans le petit déjeuner du très jeune second mécanicien, dans le bac à glaçons du pont B, dans des escaliers dévalés avec des chaussures trop lourdes.

Et moi qui croyais qu'il y avait des marins, des skippers, tous ceux qui racontent traverser l'Océan à la voile, à la rame, en pédalo. Messieurs, mesdames : où êtes-vous ? Je ne vous crois plus. La mer est vide d'hommes. Il n'y a personne, pas un navire, pas un oiseau.

Les jours passent.

Pourquoi n'y a-t-il pas de littérature des mers calmes ?

★

Après le repas de midi – du plaisir des habitudes vite prises –, chaque jour je monte à la passerelle.

« *Hello Roel, how are you ?*

– *No traffic, good weather : paradise.* »

J'aime l'accent philippin, les *r* qui roulent : « *parrradise* », le paradis l'est un peu plus. Le salut devient vite rite. « *Good weather.* » Il n'y a qu'un homme de quart à la passerelle. Le reste du bateau est à la sieste, et le *Fort-Saint-Pierre* est sur pilote automatique. La passerelle est une véranda : 30 mètres de baie vitrée, deux terrasses, des fauteuils, eau et électricité, bibliothèque, cartothèque, collection de drapeaux, radars, jumelles, stores pare-soleil, toilettes, et rock and roll (Roel a ses disques du quart de l'après-midi et ceux de son quart de nuit). On ne peut rêver plus beau bureau. On est tout en haut et on est presque seul. Il n'y a que la nuit que les hommes sont deux, ou quand le temps se fait mauvais et que l'on n'y voit plus et que le bateau va s'annonçant à la corne de brume et qu'on avance dans ce mur épais et plein de pièges. « *Good weather* », milieu de l'Atlantique : les radars sont vides, la mer est vide. Restent les histoires de marins : les mers de Chine et les ports africains, les douaniers et les pilotes, le trafic et les rackets, les mers du nord et les glaces. « *No traffic, good weather : paradise* » ; restent les souvenirs. Le temps passe.

La mer, elle, est plus calme encore. Il n'y a même plus l'écume qui affleure. Elle est bleue, d'une seule couche de peinture, et ne bouge pas. Il n'y a que les nuages. Ils sont placés çà et là dans le ciel, tous posés sur une même hauteur, comme si l'on avait pris leurs jambes d'un immense coup de sabre. Il y a deux lignes : celle de l'eau et celle des nuages.

J'écoute un disque de John Dowland, luth et chants baroques. Parfois je voudrais écouter du hard rock, pour les tempêtes qu'il n'y a pas, ou du métal. Pour lutter contre la violence de cette mer si paisible.

Samedi 4 octobre – Atlantique jour 6

Je me suis réveillé à 4 h 30 avec l'impression d'avoir trop et pas assez dormi. On a trop changé d'heure. Tous les jours, on vous rajoute une heure. Tous les jours une nouvelle heure vient s'enfiler à votre collier d'heures. Et on porte ces heures sur soi. Quand on se lève, quand on se couche. Des grammes presque invisibles mais qui déséquilibrent, penchent toujours juste à côté du sommeil, du jour ou de la nuit, qui vous placent juste à côté de vous. Je me suis levé et je suis allé à la fenêtre ouvrir le sabord. L'air chaud et humide s'est jeté sur mon visage. Évidemment le bateau ne s'était pas arrêté : la mer défilait toujours, impassible, appliquée à sa tâche. Hier, aujourd'hui, demain.

Le piège des jours qui se ressemblent. Martin, le jeune passager, s'est enfermé dans sa cabine, il ne sort presque plus. Voilà ce qui a changé : il y a huit jours les cabines, les couloirs, le château, les entrailles du bateau étaient chaleur, maintenant cet intérieur est froid de cette climatisation que je n'arrive pas à éteindre. La chaleur est dehors. Cette nuit j'ai rêvé que ma cabine prenait l'eau, ou plutôt la glace. De l'eau et des glaçons suintaient et tombaient des placards, envahissaient la cabine. Il fait chaud comme si on avait été, en huit jours, d'une saison à l'autre, d'un hiver à un été.

Petit déjeuner, abrutissement du travail d'écurie. Je balaye encore et encore. Je sue, ma cotte est trempée. Je m'inquiète pour *Indigo* qui respire mal. Je l'arrose. Il fait trop chaud. Yoann le bosco vient fumer des cigarettes. On parle peu, mais il sait maintenant beaucoup des chevaux : leur système digestif, l'entretien des pieds (les fourchettes qui pourrissent parce que je n'ai pas de goudron de Norvège), le langage de leurs oreilles. Chaque jour il reste un peu plus longtemps. Je balaye encore, je cherche partout où le foin se cache. Quand j'ai fini, je regarde le propre et le sale.

*

La ligne d'horizon est à 20 000 milles nautiques : ce n'est pas la vue qui se perd, c'est la mer qui s'est perdue après l'horizon. On est entourés de bleus et de quelques blancs. La journée est une variation de bleus : des bleus qui sont tout à fait gris, des bleus clairs et des bleus sombres, des bleu-vert, des bleu-orange, et surtout ce bleu qu'on appelle électrique et qui est l'eau du large caraïbe. Le paysage n'est taché que de petites touches de nuages. La mer est une station météorologique : en fait, on est dans le ciel. On n'est pas sur l'eau, on vogue au-dessus. En mer, il ne viendrait à personne l'idée de lever la tête pour regarder le ciel : quelques mètres suffisent, imaginez à la passerelle, par 30 mètres de haut, on n'est pas sur l'eau, et il y a des terrasses. La passerelle a deux ailes : nous sommes tout à fait dans le ciel. Les nuages sont posés sur une même hauteur, comme s'il y avait une deuxième eau dans laquelle on allait et qu'ils flottaient au-dessus de nous. Parfois, le soir, certains de ces nuages crèvent. Ils se vident, et ce sont elles les averses tropicales, comme des outres percées, comme si une trappe s'était ouverte ou que le sol avait cédé sous le poids de l'eau stockée dans ces balles grises. Il y a celles qui nous tombent dessus et ces averses au loin qui ne sont que des anecdotes dans le ciel bleu. Il fait toujours aussi beau. Aucun relief sur l'eau. L'océan n'est peut-être, après tout, qu'une sorte de Beauce.

Les poissons volants sont arrivés hier. Ou plutôt c'est nous qui les avons rejoints dans leurs eaux. Et maintenant ils nous ouvrent la route, escorte frêle et déterminée, insouciants volatiles marins qui embarquent sur le premier bateau venu. Quelle confiance! Légèreté adolescente. Une vie loin des terres. Ils sont à l'avant, les poissons volants ne suivent pas les bateaux : ils vont à la proue et ils vont de ce que sur la terre on appellerait en rase-mottes : ils vont en rase-flots. Ils volent sur quelques centaines de mètres, touchant parfois l'eau en un ricochet, d'un toucher d'ailes, puis plongent mais pas plus bas qu'ils ne volaient haut, ondulent jusqu'à décoller à nouveau et battent l'air, le corps devenu raide, de leurs ailes-nageoires. Quelle vie merveilleuse. L'eau et l'air. Quand ils sont nombreux c'est une gerbe d'étincelles, comme si la proue du bateau était une scie et coupait l'eau de métal.

*

Il y a une carte du monde au milieu du couloir de mon étage. Et si cette carte n'était pas là, ce couloir serait aussi triste qu'un couloir d'hôpital (plutôt l'hôpital que l'hôtel, peut-être parce que les pastels et les murs presque vides) et ne serait au fond que ce qu'il est : rien qu'un tube aux angles droits. Je la regarde à chaque fois. Et mes yeux sont où ils sont : je suis à hauteur de milieu d'Atlantique. Voyager par l'Arctique serait autre chose, il faudrait élever le regard, aller chercher un angle. La terre est ronde certes, mais de l'avoir tant dépliée elle en a pris des coins et des recoins.

Je me rappelle que mon premier étonnement, le lendemain d'une arrivée au Japon – et peut-être est-ce là ce qu'on appelle le dépaysement –, n'était pas ce que j'avais sous les yeux, le hall d'un hôtel, la première rue, quelques voitures, un distributeur de boissons, mais de soudain m'imaginer sur la carte, si loin, dans cet angle, en haut à droite, sur cette petite bande de terre chapelet de larmes ou coulure de peinture. J'avais été déplacé là, mes deux pieds, mes deux yeux, et cela me semblait absolument incroyable. Ce que je voyais c'était une mappemonde. Chez moi avait toujours été cet amalgame de couleurs qu'on appelle Europe, à l'autre bout des couleurs qui font l'Asie.

Quelques années plus tôt, j'avais vu le Pacifique, une mer que je n'aurais jamais pensé voir, que je n'avais jamais imaginée autrement que chimère ou fantasme, qui certes caressait un sable, brassait son eau pour faire écume comme celles que je connaissais, mais celle-là était le Pacifique. J'étais le long du toboggan sud-américain, il me semblait être sur la Lune. L'ethnocentrisme, c'est être né au milieu des cartes. Il faudrait naître dans le coin des cartes. Que serait voyager si l'on partait d'un bout du monde. Ou, même, d'un petit point. Naître sur une île doit être autre chose. Peut-être que voyager, c'est justement cela : s'extraire enfin du centre du monde.

Sur la carte de la CMA-CGM du pont E, la Guadeloupe et la Martinique ne sont que des points minuscules, petite touche d'un pinceau humide. Imaginer qu'un bateau puisse s'amarrer, se tenir, à l'un de ces points tient de l'absurde ou du miracle. Huit jours de mer, c'est d'abord une perte des échelles. À quoi donc l'œil pourrait-il s'accrocher ? Il lui faut l'allumette ou le briquet des archéologues. On n'a rien de cela. On n'a que le bateau qui est si grand. Il n'y a que lui. Les cartes marines, qui disent les fonds et les côtes (celle de mon couloir n'est là que pour l'ornement) ont leurs tiroirs à la passerelle. C'est la plus belle des bibliothèques. Les cartes des eaux du jour sont sur ce qui est comme une table à dessin avec ses crayons, ses compas, ses gommes et ses règles. Le *Fort-Saint-Pierre* navigue sur les cartes de l'*United Kingdom Hydrographic Office* publiées « sous la Direction du contre-amiral N.R. Essenhigh ». Elles ont l'épaisseur du bon papier. L'épaisseur pour résister à des traversées et des traversées de coups de crayon et de coups de gomme. Il y a les tiroirs des cartes – toutes les mers, tous les ports, tous les estuaires du monde sont dans les tiroirs –, qui sont comme des tiroirs de casse, et les tiroirs, des drapeaux, des pavillons que, de temps à autre, pour occuper un quart, un marin déplie et replie soigneusement comme un militaire plie son linge. Il y a le pavillon du bateau, ceux de courtoisie (le port, les eaux dans lesquelles on entre, on mouille et qu'on célèbre) et ceux de signalisation. C'est une langue en soi qui a ses dictionnaires. On peut dire d'un drapeau : *j'ai un pilote à bord, un scaphandrier est en plongée, mon ancre chasse…* La passerelle est un lieu de veille, de retrait et de contemplation du monde. Une tour de guet ou de contrôle qui est aussi tour de moine ou d'ermite. La nuit, un rideau fait de la table à dessin, de sa lampe de chevet et de ses tiroirs une chambre des cartes. On ne peut pas dire que ce soit un lieu d'ennui. Le jour, l'homme de quart est seul. La mer autour de lui, par 30 mètres de haut. Il regarde l'eau. Souvent, il a l'air heureux.

⋆

Aujourd'hui, le *Fort-Sainte-Marie*, qui va une semaine en avant du *Saint-Pierre* dans le chapelet des *Fort*, a surgi sur la ligne d'horizon. Surgi n'est pas le mot, ce fut très long. On savait qu'il viendrait. Il est d'abord apparu sur l'écran du radar, puis les hommes l'ont cherché dans les lentilles de leurs jumelles. Un bateau sur l'eau est un relief, l'œil doit se faire de lynx jusqu'à voir un grain de poussière. Le *Sainte-Marie* faisait route inverse, cap sur les ports de la métropole. Il y eut un peu d'excitation – qui était à bord de l'autre, on allait pouvoir se parler avec la VHF –, peu à peu la poussière prit forme. Quelques mots furent échangés. On ne s'est pas arrêtés.

*

Milieu d'après-midi. Pont E. Salon passagers. Peut-être ces pièces sont-elles la mémoire d'autres traversées, plus anciennes ? Deux tables, un canapé, un téléviseur certes, mais vides de vie. Grande, très grande pièce. Les marins n'y viennent pas, elle n'est pas pour eux. Nous sommes quatre passagers, parfois l'un d'entre nous vient ici se faire un café. Pièce trop grande pour le nombre que nous sommes. Dans les petites cabines autour, les peintres indiens vivent à deux dans quelques mètres carrés. Quelques vieilles revues traînent. Des mots traînent. Je vais sur les mots qui traînent. *La Maille*, revue de l'Association des capitaines et des officiers de la marine marchande (deuxième trimestre 2014), pages centrales, brèves :

– **Méduses.** Une méduse non répertoriée, d'un diamètre d'un mètre cinquante, s'est échouée le 6 février en Tasmanie. Elle pourrait s'apparenter à la méduse crinière de lion qui peut atteindre deux mètres de diamètre.

– **Svendborg Maersk.** Le 14 février, le porte-containers danois *Svendborg Maersk* a perdu cinquante containers à la sortie sud du rail d'Ouessant. La mer était très forte, avec une houle de sept à huit mètres, un vent de quatre-vingts nœuds et des rafales à quatre-vingt-douze nœuds.

– **SP Brussels.** Le pétrolier *SP Brussels*, sous pavillon des îles Marshall, a été attaqué au large de Port Harcourt, Nigeria. Il y avait dix-sept marins à bord et deux gardes. Lors de l'attaque, deux marins n'ont pu se réfugier dans l'emménagement sécurisé : l'un des deux a été retrouvé mort. Les gardes ont fait feu, tuant deux pirates.

– **Nicaragua.** Le projet d'un nouveau canal doublant celui de Panama progresse. Il est estimé à quarante milliards de dollars. Le gouvernement aurait concédé la construction et la gestion du canal pour cent ans à l'entreprise HKND de Hong Kong.

– **Kerala.** Le pétrolier libérien *Kerala* aurait été capturé par des pirates au large de Luanda, Angola, le 18 janvier. Mais selon la marine angolaise, ce serait l'équipage du navire qui aurait vendu sa cargaison au Nigeria. Toute la cargaison de 60 000 tonnes de gazole aurait été pompée.

– **Abordage.** Le *Zhong Xing 2*, chinois, et le porte-containers *MOL Motivator*, îles Marshall, se sont abordés près de l'île Po Toi, à la pointe sud de Hong Kong. Le navire chinois qui transportait du ciment a coulé, causant la disparition de onze marins.

*

Indigo est plus mal encore, ne se lève plus pour manger. Je le force à se lever, le pique à la fourche. *Lève-toi !* Je le douche, rajoute du copeau pour isoler des vapeurs de fumier. Je prends son rythme respiratoire, il est en hyperventilation. Il se recouche, sa langue pend, son œil se révulse. J'ouvre la pharmacie. Mais allez faire une injection à un taureau parmi trois autres. Je plante l'aiguille dans sa croupe à travers la porte, injecte le produit avant qu'il ne se relève. Son rythme respiratoire se calme un peu. Il fait trop chaud. Les moutons halètent comme des chiens : leurs panses semblent montées sur ressorts. Il n'y a plus ces têtes couchées sur la croupe des autres, de dos qui se frôlent, de laines qui se mélangent, les moutons ne font plus tas : chacun s'éloigne ce qu'il peut de l'autre à la recherche d'un peu de fraîcheur, d'un peu d'air

– ils ne font plus troupeau. Toute la géographie, le paysage, de la boîte a changé : il n'y a plus cette vaste plaine et ce mont de moutons des premiers jours et des températures de l'automne normand : sous les tropiques, les 7 mètres carrés sont à peu près également occupés par les rondeurs ovines. Lointaines prairies, lointaine Auvergne. Allons, ce voyage aura une fin.

*

Il y a tout de même des liens. De ces liens modernes. On est coupés du monde, mais pas tout à fait. Les téléphones portables ne fonctionnent pas – mais pour combien de temps encore : l'océan est une zone blanche au temps compté. Ce qu'il y a à bord, c'est un téléphone satellite et le courrier électronique. Mais un courrier électronique qui garderait trace, empreinte, mémoire, de ce courrier d'antan qu'on appelait postal. Deux ordinateurs sont à disposition des marins. Et cette messagerie conserve le temps élastique des grands voyages : les messages, le courrier, ne sont relevés et reçus que deux fois par jour, à midi et à 22 heures. J'ai emporté dans mes bagages un recueil des lettres écrites par Vladimir

Maïakovski à Lili Brik. Ce qui le préoccupe dans ces centaines de lettres, ce par quoi il débute et qui parfois est l'unique objet du courrier, comme en une façon de se saluer, de se dire bonjour mais de taire le reste, de dire *j'ai pensé à vous*, et vous *avez-vous pensé à moi*, c'est de savoir si sa dernière lettre est bien arrivée. L'a-t-elle bien reçue ? Et lui de préciser qu'il en a fait plusieurs copies, comme une caresse qui jamais ne se lasse, et qu'il les a envoyées à différentes adresses, à différents destinataires chargés de les lui remettre. Beaucoup se perdent, prennent du temps, semblent avoir leur propre logique et vitesse d'acheminement, font de longues pauses dans des villes et des ports. L'incertitude de ce courrier qui arrive, qui se perd, qui prend son temps ou tout à coup se dépêche. L'épistolaire demande le temps qui passe, sans lui il est diminué, sans forces. En mer, il reste un ersatz de ce temps. Le *Fort-Saint-Pierre* a deux boîtes aux lettres. Pas d'internet, de navigation, d'accès à sa messagerie, mais une adresse mail comme celle d'une villégiature : on m'a donné une adresse pour mon voyage, pour ces quelques jours. Les messages, m'a-t-on dit, passent par un satellite. Il faut avoir emporté un carnet d'adresses, choisir ceux à qui on dit dans les premiers jours *vous pourrez m'écrire là* ou décider de garder l'adresse pour soi. C'est une poste restante (et mon souvenir d'une poste restante péruvienne. De s'appuyer sur un comptoir de bois et de donner son nom, qu'une lettre vous soit tendue – elle attendait –, votre nom, une écriture connue, sur l'enveloppe, qu'un petit morceau de soi vous attende quelque part). Si on vous écrit après que vous avez débarqué, le courrier reste sur le bateau. Il ne vous suit pas. Il y a deux ordinateurs, l'un est au *ship office*, l'autre fait face aux rayonnages de bande dessinées et de DVD dans l'*administration room*. Ce sont des endroits où l'on ne s'assoit que sur une seule fesse. D'autres travaillent autour. Sinon il faut y aller la nuit, quand le navire paraît fantôme, qu'il ne reste que le bruit de la machine (non pas qu'il y en ait d'autres, mais quand tout autour est noir). On clique sur « skyfile » et une liste de noms s'affiche, les noms des hommes à bord, et l'on voit comme des boîtes aux lettres pleines ou vides, qui a reçu du courrier et qui n'en a pas reçu. Beaucoup de ces marins ne reçoivent pas de courrier. Je n'ai donné mon adresse que du bout des doigts, trois personnes savent. Le 3 juillet 1915, Vladimir Maïakovski écrivait à Lili Brik (il est alors à bord de l'*Espagne* et fait route vers l'Amérique) : « Je ne peux pas dire que la vie à bord soit très drôle. Douze jours d'eau, c'est bon pour les poissons ou des explorateurs professionnels, mais pour les habitués de la terre ferme c'est trop. »

Dimanche 5 octobre – Atlantique jour 7

Pauvre *Fort-Saint-Pierre*! Je suis injuste avec toi. J'avoue – mais c'est que je suis si jeune marin –, tous les jours à ton bord ne se ressemblent pas, toutes les mers ne se ressemblent pas. Aujourd'hui je me suis levé et l'eau étincelait d'un bleu électrique, et quelques algues couleur rouille parsemaient la surface de l'eau, c'était dimanche.

Les algues, dit-on, annoncent les hommes et la terre. Je suis monté à la passerelle : à 10 heures, Pointe-à-Pitre n'était plus qu'à 687 kilomètres. Les algues sont de longues traînes, coulure d'une peinture jaune orangé sur ce fond bleu si intense, des bracelets et des colliers, cordes abandonnées, flottantes et infinies, traversant ces eaux de néons. Ces algues ont, dans l'immensité, la finesse du bijou. Il n'y avait que du bleu, voilà des colliers de perles, d'une rouille superbe. On ne sait que penser : c'est beau et cela ne l'est pas, le bonheur d'une couleur nouvelle et l'océan sali de striures – il ne faut pas sous-estimer l'effet de huit jours de large sur l'œil. Et puis comment ne pas se dire que ces longues traînes ont tout du filet et que les ports annoncent là leurs menaces.

*

Passerelle. Sonnerie du téléphone. L'officier de quart : « *Yes, bridge.* » C'est la cuisine… J'écoute, ne comprends pas. L'officier dit que oui, ils peuvent. Et moi qui ne savais que dire de la vie à bord. L'officier raccroche, se dirige vers le grand bureau où sont étalées les si belles cartes et prend un cahier, il note. Les « rejets », c'est le mot, les poubelles, ont leurs règles. Il y a ce qui peut être donné à l'eau et ce qui ne peut pas l'être. Il y a les mers où l'on peut jeter et celles où l'on ne peut pas jeter. On a parfois des timidités insoupçonnées, je n'ose ouvrir ce cahier. Il me semble plein de ces choses petites que désespérément je cherche dans la masse de fer, de ces petits trésors qui font humanité. Aujourd'hui j'ai cherché ce cahier intitulé « Garbage », je l'ai ouvert à côté des cartes, de ces cartes sur lesquelles, malgré les radars, les GPS, les pilotes automatiques, un trait au crayon qui sera effacé au bout du voyage est tracé à travers l'océan, sur ces cartes sur lesquelles le crayon est posé : lui dit où nous sommes, chaque heure il est avancé sur le trait de notre navigation. J'ouvre le cahier : hier, le samedi 4 octobre 2014, à 17 h 25, à l'heure de ce coup de téléphone – tout cela est écrit –, par 29°48 nord et 52°33 ouest, 0,2 mètre cube d'épluchures ont été passées par-dessus bord. Où et quand un homme a jeté quelque chose à l'eau.

*

À midi *Indigo* était couché à nouveau. Nouvelle injection. C'est l'air qui lui manque ! Il ne se bat plus. *Debout taureau !* Il reste quatre jours. Il lui faut de l'air. Les autres le bousculent. *Debout !* Yoann est venu, je lui ai dit qu'il me fallait de l'air. À tout prix. Que je n'étais pas sûr qu'il tienne. Quatre jours encore avant les îles, la terre et un nouvel air. Une éternité. Alors on est allés, dans les profondeurs de la salle des machines, chercher des gaines de ventilation, un gros ventilateur, des rallonges électriques, puis, dans la réserve du cuisinier, deux packs d'eau qu'on est allés placer dans la chambre froide jusqu'à ce qu'ils congèlent. Voilà notre installation : un ventilateur devant un pack d'eau gelé à l'entrée d'une gaine de ventilation soufflant dans le container. L'air a circulé à nouveau, la température est redescendue. *Indigo* s'est relevé, a plongé sa tête dans la gaine. Il a vécu.

*

Dimanche : le mot était dans les conversations. Dimanche est le jour, mais qui n'est qu'un demi, de congé : l'après-midi se relâche, se chôme. Et celui-là, le deuxième, qui annonce les Antilles, la fin de la traversée, est celui du « barbecue ». Rituel de la viande : toutes ces traversées ont leur barbecue. Tout cela se passe sur la terrasse du pont E, autour de la piscine et d'une table en bois, sous la grande cheminée, et à côté de la réserve d'hélium. La piscine avait elle aussi eu son coup de peinture, sa nappe blanche des grandes occasions. C'est un bassin que l'on traverse en trois brasses, rempli d'eau de mer depuis trois jours, depuis les eaux chaudes. On est 20 mètres au-dessus de l'eau, sur l'arrière du bateau. On a grillé un porcelet, des dizaines de cuisses de poulet, quantité de tranches de bœuf, des saucisses par dizaines aussi et des côtes d'agneau… Le marin est un carnivore. Il y a la viande et il y a l'alcool. Il rapproche un peu, mais les distances restent : Philippins d'un côté, Français de l'autre, quelques contacts au centre. Les hommes semblent enfin se déshabiller de leurs fonctions et prendre des prénoms. Franck n'est plus l'électricien, Noli n'est plus le *watchman*, Angelo n'est plus lieutenant navigation, Yoann n'est plus bosco, Oscar n'est plus *reeferman*. Rare suspension du temps. Trente hommes ensemble; seul Roel, officier solitaire, est resté à la passerelle.

Plus tard, j'ai retrouvé Yoann sur une terrasse. Nous étions plein d'alcool. On a bu quelques bières puis on a jeté nos bouteilles dans le large. « Ici, il doit y avoir une montagne de bouteilles de bière au fond de la mer! » Des années de barbecue sous la même latitude, à la même longitude, de traversées, de passages aux mêmes heures, aux mêmes jours, sur les mêmes eaux, de barbecues le dimanche. Jeter une canette comme l'idée de faire dérailler un train, comme un exutoire.

« *Cowboy! Cowboy! Come in, cowboy!* » C'est que je traînais devant leur porte. L'oreille à la musique. C'est là que je voulais aller et n'osais pousser la porte. Le dimanche après-midi est aussi celui du grand karaoké des marins philippins. Dès le barbecue terminé, les groupes se sont séparés, chacun son pays. Les marins sous contrat français sont restés occuper le tour de la piscine, se saouler à petites gorgées, d'alcool et de soleil. Les Indiens ont disparu dans leurs cabines et les Philippins ont filé jusqu'à leur salle à manger au pont B pour chanter. « *Come in cowboy!* » Les chaises face au téléviseur. Le cahier des chansons (en philippin, en anglais et en espagnol) qui passe de main en main. Un DVD, des centaines de chansons, plusieurs langues, mais une seule boucle d'images, qu'un seul clip quelle que soit la chanson. Vingt secondes de montagnes des Philippines, vingt secondes d'une plage des Philippines, vingt secondes d'un carnaval de Manille, vingt secondes d'un coucher de soleil aux Philippines et vingt nouvelles secondes du carnaval de Manille. Et tout cela en boucle trois heures durant. J'ai chanté en espagnol : certaines langues, comme des alcools, désinhibent plus que d'autres. Ce qui était chanté surtout, c'était l'amour. J'ai aimé cet après-midi.

On chantait pour soi et pour les autres. « *Siempre que te pregunto / Que cuando, como y donde / Tu siempre me respondes.* » Des hommes sur l'eau qui partent pour ne presque jamais revenir, et sans jamais arriver ailleurs – les escales sont si courtes qu'on ne va presque plus à terre. Une même boucle d'images, chaque dimanche. Tous les dimanches, ces mêmes images. *Besame mucho.* Navire saoul de canettes de bière, presque abandonné ou à la dérive, sous un soleil caraïbe, sur cette mer impassible, toujours d'huile. Plusieurs fois, au cours de l'après-midi, je suis redescendu sur le pont du bateau. Le soleil était haut. J'ai remis cette cotte verte et maintenant sale, mes bottes, mes gants de cuir. Plusieurs fois cette après-midi, je suis allé entre les containers voir *Indigo.* Sa tête ne quittait pas l'air qui le sauvait.

Lundi 6 octobre – Atlantique jour 8

Au début je me suis dit : ce n'est qu'un nuage, une ombre sur l'eau, qu'une petite tache sur l'horizon comme il y en a parfois (et qui toujours est un mirage) ; je me suis dit ne t'inquiète pas, ce n'est rien.

Mais non : cette fois on avait une île dans l'œil. C'était la Guadeloupe.

*

Pourquoi arriver ? Ce n'est pas un mur, ce n'est pas un continent, ce n'est rien qu'une petite île, qu'un tout petit bout de terre ridicule, il aurait suffi de virer, de se laisser aller à une tangente, à un courant, à un peu de vent, et on serait passés à côté. C'est trop bête : on est dans une immensité, il y a une île minuscule, on bute dessus.

La tache a grossi. D'un point c'est devenu une masse noire. Tout s'est obscurci d'ailleurs : il est dix-sept heures et on a tant changé d'heure – les aiguilles de nos montres avancées chaque jour – que la nuit vient déjà. Ce qui dit l'entre chien et loup, c'est que la mer se fait encore plus sombre et qu'il n'y a plus que le ciel qui est lumière (la nuit, la lune et les étoiles rallument l'eau). L'île, car on est encore à la distance où elle est île, sonne menace et attirance. Il y a sa masse noire et ses lumières, son feu électrique qui s'allume petit à petit au pied de ses montagnes, le long de ce qui doit être ses routes, et parfois même monte le long de ses pentes. Et cette chaleur nouvelle, moiteur des tropiques mais qui n'est pas en mer, qui n'est que sur terre, qui s'approche et vous enveloppe, vous recouvre comme un sable, se colle et prend possession de vous.

La masse a grossi encore et c'est devenu autre chose qu'une île.

La perte de l'horizon est un deuil. Ou un renoncement. Peut-être faudrait-il ne pas y aller, ne pas débarquer, ne pas s'approcher encore, s'arrêter juste là, dans cette eau, à distance, mouiller quelques jours au large de la ville et la regarder. Pour se faire à l'idée de la terre, à l'idée de tout ce qu'elle peut avoir de tumulte, de cris et de fourmis. Ce serait plus sage. On se mettrait en attente, comme en veille, le temps de voir. Le temps que les îles redeviennent îles et les navires navires. C'est que des jours d'Atlantique font, voyez-vous, d'un bateau une île – nous étions le seul relief, trente hommes échoués à bord, et rien n'était venu à nous. Chaque jour on avait regardé l'eau, rien ne se posait dessus – la rétine ne s'était imprégnée que d'une seule ligne, que d'horizon : nulle terre, nul navire –, pourtant combien l'avait-on regardée cette eau. Rien d'autre que cette seule ligne, et voilà que soudain la Guadeloupe, sans prévenir, était venue, venait droit sur nous.

★

Le *Fort-Saint-Pierre* va s'échouer devant Pointe-à-Pitre, ou se briser – fracas du fer dans le béton –, c'est évident. Il va droit sur la ville, sur les lumières. Et beaucoup trop vite avec cela. Nous allons droit sur notre perte. Le bateau va comme s'il était encore au milieu de l'Atlantique. Quelle insouciance ! Et ces montagnes toujours plus grandes ! Peut-être est-ce là le défi, le regard haut des marins : envoyez-nous donc un de vos pilotes ; nous, nous sommes hommes du grand large.

Je panique un peu, vais d'un endroit à l'autre : je me terre dans ma cabine, je descends aux bêtes, et sitôt arrivé je remonte à la passerelle. Je n'attends pas les ascenseurs : je cours dans les escaliers aux grandes marches. À la passerelle, j'arrive essoufflé : passerelle toute de pénombre et de silence, dans un calme d'avant l'orage ou la catastrophe. Commandant, officier de quart et timonier, sans mots. Leurs yeux sur ces montagnes nouvelles qu'ils semblent pourtant ne pas voir, comme si elles n'avaient pas d'épaisseur, comme si elles n'étaient que mirages et que les ports, les baies, les anses n'étaient pas pleins de ces bancs de sable et de ces rochers sur lesquels les bateaux s'échouent. L'officier de quart a allumé les projecteurs qui éclairent l'eau sous les flancs du bateau. Je suis sorti. L'eau était un lit pour ces longues algues jaunes qui sont comme des cordes, flottent et décorent les mers caraïbes :

on allait sur un tapis d'algues. Le *Saint-Pierre*, lui, n'en avait que faire.

On s'est approché encore et je n'ai plus du tout eu envie de toucher terre. D'ailleurs le *Saint-Pierre* non plus, tout à coup hésitant : le port est devant nous, mais on ne va plus que par zigzags. Barre à droite, barre à gauche. C'est une régate solitaire. Un lent hara-kiri. Le jeune lieutenant navigation avait tracé sur la carte des cercles tout autour de l'île : partout où il n'y a pas assez d'eau, pas assez de profondeur, pour le *Fort-Saint-Pierre*. Le bateau tire 10,50 mètres devant et 10,70 mètres derrière. Le commandant donne les caps au timonier, ils changent à chaque instant. Personne n'a touché à la barre depuis des jours : les traversées sont celles des pilotes automatiques – la barre ne se tient plus qu'à la vue des ports, et la taille des objets dit parfois leur importance, cette barre reléguée en fond de passerelle derrière un pupitre n'est pas plus grosse qu'un volant d'auto tamponneuse. Le commandant regarde l'eau, les bouées, donne les caps. Le timonier ne voit rien. La navigation est une langue de procédures. Le commandant dit : « *three – two – zero* », le timonier tourne le petit volant et répète : « *three – two – zero* ». Le bateau va droit quelques instants encore, puis son nez s'en va voir vers « *three – two – zero* ». Quand il y est, le timonier annonce : « *three – two – zero à la barre* ». Dès 320 degrés, le commandant a demandé 18 degrés, « *one – eight* », puis 320 degrés à nouveau. Le timonier répète les caps qui lui sont demandés comme s'il demandait à chaque fois : êtes-vous bien sûr de vous commandant ? Les montagnes ont grossi encore. Tout cela est très solennel et vaguement inquiétant.

★

Et voilà que tout recommence, les marins s'agitent : la pilotine qui vient, l'échelle de corde le long des flancs du *Saint-Pierre*, le pilote qui s'annonce à la radio, qui s'annonce debout à la proue de son embarcation qui tranche l'eau de son étrave, annonce ses mains comme des griffes, empoigne l'échelle, monte. L'inconnu, petit homme au torse bombé : sitôt à bord, le bateau était à lui. Tous les marins, je crois, aimeraient se passer de pilotes. Mais déjà, celui-là donne des ordres et notre commandant de se faire maître d'hôtel proposant, soudain très vieux chambellan, un thé ou un café au nouveau venu. Il est interdit de fumer à bord, le pilote fume. Et c'est lui qui maintenant donne les caps. Il nous envoie sur la droite : une île – l'îlet des Cochons – touffue de végétation, mais sans relief, est au milieu de l'anse. Puis sur la gauche : et c'est à cet instant qu'on est entrés dans l'entonnoir de la baie. Je suis sorti sur l'aile tribord. Un bout de ville m'est apparu. Il s'est mis à pleuvoir. Puis, à peine quelques instants plus tard, aussi soudainement que cette pluie était venue, elle s'est éteinte. La rive – est-ce une rive, une plage, une langue de terre, comment faut-il dire – est presque sous le bateau. Il y a des arbres, un clocher éclairé de vert comme un minaret, un bateau coulé. Je suis descendu voir les bêtes, moitié pour oublier le quai qui venait, moitié pour vérifier que les moutons avaient encore à boire. Les chevaux hennissent. Terre ! Terre ! Ils sont au fond du tas de fer, des boîtes empilées, mais comme au mât de misaine. Les odeurs sont leurs yeux. Un peu de foin comme une caresse, ils mâchent comme on marche pour se rassurer. Je suis remonté en courant, aussi vite que j'étais descendu, effrayé d'avoir raté un peu du spectacle : mon cœur bat des cinq étages, des hautes marches. Les passagers sont tous montés au balcon de la passerelle. Le terminal « Jarry » est au milieu de la baie, une avancée de béton le long de laquelle coller son flanc, son épaule. Mais il y a encore un cercle à éviter, une eau qui ne dit rien de bon à l'œil, mais qui sur la carte porte son nom comme un avertissement : le « banc des Couillons » est entre nous et le quai. Va, pilote, on te fait confiance.

Deux autres petites pilotines, comme deux index sur une feuille, pointent leur nez si fin à un bout et à l'autre du mur qui arrête l'eau, contre ce quai qui tient la terre : voilà où mettre l'avant et où mettre l'arrière de nos 200 mètres de long. Le quai est sous une lumière de quai : des lignes de containers empilés brillent, rouges, bleus, devant un tapis de petites taches blanches baignées d'une lumière jaune. Un tableau pointilliste. Un roulier est amarré de l'autre côté de l'immense plate-forme de béton et vomit une à une les petites voitures blanches qui font les taches blanches. On approche encore. La manœuvre est travail d'orfèvre. Le microscope est la radio, la lenteur est la précision. Le bateau ne va plus que de son inertie. Ce qu'il reste d'eau entre le quai et la coque se réduit comme dans une absence de mouvement. On ne bouge pas et pourtant l'eau s'en va. Flanc à flanc, l'acier aimanté par le béton. Une voiture sur le quai dépose deux hommes, puis deux autres, de tout petits hommes, minuscules mais sans un regard pour ce bateau qui vient au-dessus d'eux. Ils marchent jusqu'au nez des pilotines, attendent, sans égards. Les aussières, nos cordes, que voulez-vous, de toute façon leur seront envoyées. Le bateau semble vouloir écraser le quai de son poids, de sa force. Il n'y a plus que le bruit de la machine, plus aucun vent – le bruit depuis des jours, c'était le vent.

Un dernier tremblement, plus fort que les autres. Tout se fait calme. Arrêt des machines. Je regarde le quai : cette terre semble si basse, la passerelle est si haute. On accoste par 30 mètres de haut. Autant le redire, les bateaux n'ont rien à voir avec la terre, qu'ils peinent à approcher. Ils sont trop gros, trop hauts, ils sont en proportion avec la mer.

*

Nuit. Personne ne se jette sur les boîtes de couleur. Les dockers, aux Antilles, ne travaillent pas la nuit. C'est le sursis caraïbe des marins. Le soir, je suis allé à terre avec Jean, le mécanicien. Il y a, à bord, au *ship office*, un classeur avec le numéro d'un taxi pour chaque escale. On est partis heureux. Traverser le quai silencieux, marcher au milieu des rangs de containers, goûter la moiteur tropicale, marcher... depuis combien de temps n'avait-on pas marché tant de pas à la suite. Le poste de garde est une deuxième coupée : il garde l'intérieur et l'extérieur. D'ailleurs, plus qu'un poste de garde, c'est un poste frontière : il sépare deux mondes. Il faut déposer son badge de marin à la guérite : ceci n'est qu'une permission de sortie, vous le laissez en gage. Marins cendrillons. Le taxi tarde. Nous nous asseyons sur un bout de trottoir. La rue est déserte : le port est un cul-de-sac. Quelques nids-de-poule, des herbes folles. Le vent souffle dans les grands palmiers, sur nos peaux, amène des odeurs lointaines. Et toujours cette chaleur. Le taxi vient, nous emmène, si vite. Nous ne sommes plus habitués à la vitesse. Mes yeux balayent des panneaux publicitaires, les sièges en cuir du taxi, le taximètre éteint, des banlieues, traversées de nuit, avec des lumières comme des feux, cette végétation qui semble vouloir déborder sur la chaussée, la lumière des phares. Jean avait dit : « Allons à la marina », mais il faudrait avoir ses habitudes. On a bu des bières gauches, tenté quelques conversations qui n'ont pas fait mouche

– l’endroit n’était peut-être pas le bon, des terrasses vides – et puis ce fut l’heure : le taxi est revenu, on est rentrés au bateau, presque soulagés.

Nuit à quai. La vue des lumières de la ville par le sabord. Pointe-à-Pitre existe-t-elle ?

7 octobre 2014, Pointe-à-Pitre – Terminal à containers « Jarry »

Les dockers sont montés sur le dos du bateau à 8 heures du matin et les grues des portiques ont commencé à arracher le métal au métal. Les containers rouges, les bleus, les verts, les blancs et même le seul orange. À terre ! Ce qui faisait notre paysage depuis huit jours est amputé, soigneusement découpé, par petits bouts de chair, pièce par pièce, minute après minute, heure après heure. Notre mur, notre rempart de boîtes, mis à terre par petits morceaux. Les filins d'acier des grues soulèvent les containers qui s'élèvent dans le ciel, au-dessus de nos têtes, scalpant la peau du bateau, derme après derme, pour les poser sur le dos des camions portuaires. Les marins se sont enfermés dans le château, font comme si de rien n'était. Les hommes de la machine toujours à la machine. Seul Noli, *seaman on duty*, remplaçant sa veille à la passerelle par celle du pont, est dehors.

Pour qui a vécu presque solitaire au milieu d'un océan, une dizaine d'hommes fait l'effet d'une foule. Les dockers sont partout : sur la coupée, les plats-bords, dans les couloirs, entre les rangs de containers. Ils affalent dans un grand bruit les barres de saisissement sur les grilles de ventilation, balancent les garde-corps sur les panneaux de cale, jettent les *twist-locks* sur les ponts. Une mise à sac ! Et ils ne vous accordent pas même un regard. Les dockers et les marins ne sont pas du même monde. Les dockers se comportent en rois. Un pied sur le bateau, ce territoire est le leur. Pas plus en métropole qu'aux Antilles, au fil de ces quelques escales (Rouen, Le Havre, Saint-Nazaire...), je n'ai vu de fraternisation ou de curiosité pour les voyageurs des mers. Et, à bord, rien de l'excitation des terres à découvrir. Les escales sont de quelques heures à peine, elles sont rentrées dans le rang et se comptent par centaines. Les terminaux portuaires, loin des villes, sont des remparts, ne sont pas des bras ouverts. Les vies d'océans traversés et celles des ports ne se regardent pas, ne s'interrogent pas, les langues ne sont pas les mêmes. Les hommes du pont font leur quart au service des dockers dans un anglais d'une paire de mots. Ils regardent, résignés, les barres de fer tomber sur la peinture fraîche de la dernière traversée. Moi, je voudrais les mettre dehors, qu'ils laissent leurs rêves aux marins et les containers au bateau. Même ma cour de ferme n'est plus sanctuaire : les dockers en font un couloir. Je voudrais être cheval pour me terrer au fond d'un container. Les taureaux semblent, eux, impassibles, mais leur œil est noir.

À 10 heures il a plu tout à fait soudainement, et il n'a plus fait que pleuvoir. Des trombes d'eau ! Le port s'est arrêté : les portiques, les camions, les *stackers*, les dockers, tout le monde s'est arrêté ou a disparu. Les voilà les paquets d'eau ! Ils tombent du ciel. La voilà la tempête atlantique ! Le vent, la pluie. Le quai est pris comme par une houle de pluie, superbe, des vagues courent sur le bitume, le soulèvent et le creusent. Le roulier de l'autre côté du port a disparu derrière cette eau qui tombe du ciel, qui bouche chaque coin de paysage et tombe dans le vacarme d'un assaut de cavalerie. Ce qui était bleu, rouge, vert, blanc : tout est devenu gris. Enfin : la colère. L'horizon, devenu un mur de pluie, s'est jeté sur nous. Puis, aussi soudainement qu'elle était venue, la pluie s'en est allée. Le quai a repris vie. Je suis sorti du château, les dockers de leurs abris, les camions ont redémarré et les portiques ont repris leurs mouvements. Le bateau était plein d'eau. Même les bêtes avaient goûté un peu de cette pluie projetée jusqu'au fond des containers : gouttes sur les naseaux, crinières ruisselantes et plaquées sur les encolures, laines ternies et foin mouillé comme des cheveux de femme dans les râteliers. J'ai levé les yeux vers l'île. Il semblait, en fin de compte, qu'elle reçoive avec un peu de grandeur.

*

À 11 heures, Noli est venu me voir. « *Cowboy! Cowboy! Come to ship office! Your clients! Your clients! Cowboy!* » Et son sourire immense. Et d'autres marins le long des plats-bords, leurs sourires aussi. Je suis allé au *ship office*. Un monde ! Le spectacle des femmes, de leurs longues jambes brunies par le soleil caraïbe, de ces cheveux longs, de ces sourires mi-gênés mi-ravis d'être l'objet de tant de regards. C'était ça ! Qui d'autre aurait pu monter à bord, passer tous les gardes et les grilles, escalader la coupée instable et glisser à travers les portes étanches ? Qui d'autre aurait pu rassembler tant de marins, officiers et matelots : deux femmes, *my clients.*

Elles me dirent venir pour les chevaux. Et moi, j'ai dit aux femmes aux jambes interminables d'attendre sur le quai, que leurs chevaux seraient débarqués dans une heure. On ne rentre pas sans frapper. Deux étaient pour elles : les deux bais, demi-frères, gros chevaux de quatre ans aux larges pieds, qui au bout d'une semaine s'étaient mis, chaque jour, à faire leurs crottins dans leur seau d'eau. Elles les avaient achetés sur internet.

Une heure plus tard, la grue est venue au-dessus de moi, me recouvrant comme le surplomb d'une falaise, l'énorme *stacker*, au bout de ses filins d'acier, s'est posé dans un choc de métaux sur le toit du container jaune, les *twist-locks* ont tourné aux quatre coins de la boîte et ils se sont envolés au-dessus de moi – un peu de foin tombait du ciel, s'échappant du râtelier tout juste refermé –, les quatre chevaux sont montés haut, peut-être

40 mètres, disparaissant par-dessus les autres containers. Mon écurie volante.

Le grutier a posé la boîte jaune au sol, puis a repris sa ponction sur le bateau. Un engin est venu et a soulevé à son tour la boîte du sol : le container et les chevaux pendaient au bout du bras de levage. Je suis descendu sur le quai. La coque du bateau était immense.

*

On débarque et on est devenu marin. On est plein d'espérance : les filles qui attendent les chevaux sont au bas de la coupée. Mais au lieu de couvrir de mots et de sourires le marin qui a traversé l'Atlantique prenant soin de leurs chevaux des jours durant, les livrant plus beaux même qu'ils n'étaient partis, qu'ont-elles dans les bras ? Avec quoi vous attendent-elles ? Avec des carottes ! Et elles n'ont d'yeux que pour ces chevaux qu'elles ont achetés. Pour vous : rien, pas même un regard ou un sourire. Pas même une question. On vient de passer des jours sur l'eau. Se rendent-elles seulement compte ! L'océan, les blessures évitées, le monde de ferraille, les jours qui passent et se ressemblent, l'appétit qui va et qui vient, les pieds qui vont moins bien, tout ce que les chevaux vous ont dit, tout ce que vous leur avez dit, ce que vous auriez à dire. Pas même une question.

J'ai marché jusqu'au bout du quai, où l'engin a posé la boîte, à l'écart du passage des camions. Il a fallu attendre. Un peu de monde est venu : un docker qui voulait des tuyaux pour le PMU, un autre intéressé par le fumier pour son potager, puis la vétérinaire – c'est un peu le contrôle aux frontières – chargée de vérifier l'identité des chevaux. Elle m'a tendu un lecteur de transpondeur électronique, ne semblant pas vouloir s'approcher. Je l'ai passé sur l'encolure des chevaux, drôle de caresse. La puce est dans une petite capsule de verre, de la taille d'un grain de riz, sous la peau, dans les tissus graisseux, dans le tiers supérieur de l'encolure du côté gauche. Au passage du lecteur, elle émet un signal et envoie son numéro. Il s'affiche sur l'écran, il n'y a pas plus d'inspection.

Les chevaux ont sauté dehors. La première surprise, quand j'ai ouvert la porte du container, c'était l'épaisseur de fumier. Deux semaines que chaque jour j'ajoute une demi-balle de copeau dans chacun des compartiments. Pour les chevaux, le premier pas est un saut. La hauteur du fumier et celle du plancher du container : une grande marche. Tout est nouveau pour eux : marcher, ils ne l'ont pas fait depuis qu'ils ont embarqué, ce quai – ils n'y sont jamais venus –, ces camions qui passent, ce van dans lequel il va falloir monter. Les deux femmes ont ressorti leurs carottes. Comment expliquer que la friandise n'est pas le dressage, qu'elle n'amène que de l'excitation, qu'elle n'est pas la concentration et la confiance. Du foin à la rigueur, pour rassurer sur ses intentions. *Atomic* a hésité, puis a sauté, glissé de ses quatre fers, presque dans mes bras. Les autres ont suivi plus facilement. Le cheval est un animal grégaire. En un instant, ils n'étaient plus là. Embarqués dans les vans qui se sont éloignés au milieu des piles de containers. La boîte n'était plus que mue, abandonnée, portes béantes sur le quai.

Je suis retourné au bateau. L'impression de la terre, c'est un sol un peu plus dur, un peu plus ferme. La ville ? Pointe-à-Pitre ? Comment deviner la ville... Le quai est comme sont les aéroports, interchangeables, derrière de hautes grilles, réplique d'autres quais, d'autres ports. Pourtant les yeux ont déjà tant à faire : ajuster son regard à tous ces reliefs, ces nouveaux visages, ces nouveaux accents.

À bord, c'est comme si ma cour de ferme s'était agrandie. Deux semaines qu'elle était un couloir entre les quatre containers. Maintenant, il y a cet espace, ce container en moins, et c'est comme une petite esplanade : j'y range les grandes poubelles d'eau, mon balai et ma fourche. Il reste quatre chevaux sur les huit, les taureaux et les moutons. Eux vont en Martinique. *Indigo* passe toujours ses journées, comme inhalant, sa tête dans la gaine de ventilation. Il a repris du poids.

⋆

(*14 heures.*) Déjà le départ. On a attendu le pilote du jour, pilotes qui décidément ne respectent rien, et surtout pas les horaires – tout le monde était à son poste pour la manœuvre, quelles que soient vos heures de travail ou de repos : la manœuvre exige tous les marins –, mais on a attendu plus d'une demi-heure avant de voir traverser, très lentement, presque nonchalante, la toute petite embarcation qui nous amenait celui qui devait nous sortir de là, le pilote du jour. Même pour fuir, il y a besoin d'eux. Le *Fort-Saint-Pierre* s'est décollé du quai, aussi lentement qu'il s'y était collé – la marine marchande est un sport tout en maîtrise et en retenue –, a mis le nez dans la passe, s'en est allé doucement. On a croisé un voilier, puis une petite barge, tout en bas sur l'eau – j'étais sur l'aile gauche de la passerelle –, deux mules étaient attachées sur son pont, le nez à l'air et à la mer, puis à nouveau l'îlet des Cochons. Valse des caps, le slalom de la passe : virer de bord à chaque bouée, cette fois comme si l'île ne voulait pas nous laisser partir trop vite. À droite, à gauche. Tout à l'envers. Adieu ! L'île, la grande – on était en Guadeloupe depuis deux jours –, s'est rangée derrière nous. Elle s'est rangée et nous a envoyé un dernier orage. Évidemment, il nous rattrapait. Il marchait sur l'eau. On était si faciles à suivre. Il nous a douchés.

L'orage nous a vite laissés, et le *Fort-Saint-Pierre* d'aller entre les îles sous un soleil de fin d'après-midi. Tout l'équipage est sur bâbord, le paysage, le spectacle des îles, semble avoir déclaré à tous, impérial, la suspension des travaux. On est en croisière ! Même les chevaux, les taureaux, profitent de l'air nouveau, de cette lumière nouvelle, d'un rayon de soleil qui vient se nicher jusqu'au fond des boîtes. Il faut dire que le bateau ne ressemble plus à rien : les portiques de la Guadeloupe en ont mangé la moitié. Il ne reste plus qu'une travée sur deux. C'est un navire à créneaux. Voilà donc des terrasses, des plages où prendre le soleil, des perspectives nouvelles, des lignes et des angles. Un horizon et des profondeurs sur le bateau. Une demi-charge et ce sont presque des vacances. Fini le carré de ciel et le si éphémère passage du soleil au zénith de leur grotte : même les chevaux ont vue sur le large. C'est si beau que le second parle de détourner le bateau, de faire escale sur les côtes de la Dominique, dans cette petite baie, de rester là, pour toujours. Seuls quelques nuages coquets étaient accrochés aux sommets de la Dominique, le reste n'est que verdure. Forêts plongeant dans l'eau. Quelques prairies, d'un vert plus tendre encore, caresse d'un soleil de fin de journée, dansent vers des teintes orangées, se jettent elles aussi à l'eau bleue. Cette île est toute de nuances, de taches de verts, de criques et de vallées, de pentes et de havres. Les peintres indiens sont à la terrasse du pont A. Je suis au balcon du pont C avec le cuisinier, deux marins philippins nous rejoignent :

« *Paradise, cowboy, isn't it?* » Les marins aiment les îles depuis leurs navires.

⋆

La nuit ne tombe pas sur la mer, elle tombe sur les îles. Sur ces îles oiseaux, sur ces tableaux peints par petites touches de vallées et de sommets, de baies et des torrents esquissés, de pierres fantasmées, d'eaux douces et fraîches, qui chantent quelques rires, quelques peaux brunes et chauffées par le soleil orangé, sur ces îles qui deviennent tout à coup masses noires et blocs compacts.

Le jour – palettes de gris, de bleus, teintes de rose –, rallumé par la lune, reste encore un peu dans le ciel et sur la mer. Puis vient son tour : la voilà qui devient continent d'obscurité. Je suis sur l'un des plateaux débarrassés de leurs containers. C'est une esplanade, promontoire, suspendue au-dessus de l'eau. Un vent chaud, mais très doux, vient se perdre, soudain ému, dans la crinière des chevaux. Leurs têtes sont dehors. Jamais, en quinze jours de large, ils ne l'avaient vu. Plus que les autres, *Kissgreen*, la petite pouliche arrivée terne, elle aussi les courses avant le départ – pas le temps de laisser à terre ses toxines, ses courbatures et ses fatigues –, maintenant toute en fleur, « pleine peau » dit-on pour parler de ces chevaux qui resplendissent, brille de sa bonne santé, son encolure est légèrement allongée, le nez tendu vers les nouvelles senteurs. Les bêtes voyagent maintenant cheveux au vent. C'est presque un nouveau départ.

Au loin la Martinique et la montagne Pelée, cerclée de quelques anneaux de nuages, s'annoncent toutes deux alors que le jour tombe à son tour dans l'eau. Une lune se lève au-dessus de la nouvelle île. Des lumières scintillent à ses pieds, chaleur et lave de villes incroyables.

*

Tout s'est passé très vite et pourtant très lentement. On a longé une côte et des montagnes. Une femme est montée, elle était pilote. 19 heures ont sonné dans ma poche. Quel besoin d'un repas après quinze jours de large quand la dernière île est devant soi ? La Martinique s'est faite plus imposante encore, maintenant plus haute que le bateau – nous qui avions été le sommet du monde –, la montagne coiffée d'une lune encore trop basse pour être blanche. Longtemps on a tourné autour de l'île. Il y a le faste de l'île qui s'approche, puis il y a son absence sur les quais : nulle réception, nulle fête. À quai, sur l'immense quai, seuls deux hommes attendent. Voilà pour tout comité d'accueil. Deux lamaneurs. Et, sitôt les aussières passées autour des bittes d'amarrage, ils se sont évaporés. Fuyant vers leurs foyers. A-t-on fini de traverser l'Atlantique quand on arrive sur une île ? Buter sur un continent aurait été autre chose, on aurait pu continuer sa route à pied. Il y aurait d'autres immensités à découvrir. Mais là, la chute fait figure d'escale, se noie. À bord, pas plus de fête : les marins ne mettront pas pied à terre. Les Philippins ne descendent qu'au bout de leurs embarquements. Voilà peut-être ce qui pèse chez ces hommes : leurs cales sont pleines de la fatigue de tant de traversées, aller enflammer un bateau avec pour toute aventure six, neuf, douze mois d'allers et retours sans un pied à terre. Je suis allé manger, quand même. Au dessert, les moteurs étaient éteints et les corps ne ballottaient plus.

Mercredi 8 octobre, Fort-de-France, Pointe des Grives

Ils sont montés sur le bateau. « Vous pouvez me donner le numéro des boucles des moutons ? », « euh, dites-moi… c'est 63 ou 69 le taureau du fond ? », « pour les chevaux, je vous passe le transpondeur et vous me dites les quatre derniers chiffres de la puce », « et celui-là à droite, son numéro c'est quoi ? », « vous pouvez m'attraper ce mouton. Et puis cet autre au fond ». La police des animaux. Je suis dans les boîtes. J'attrape les brebis une à une, puis les béliers – une patte et le cou – qui aussitôt relâchés retournent faire corps avec le reste du troupeau. Leurs boucles d'oreilles sont sales. Je les frotte de mes gants de cuir. Je me jette sur un dernier mouton. Le vétérinaire et son assistant cochent des cases, signent des formulaires. Ils trouvent surtout qu'il fait trop chaud, demandent à retourner au *ship office* le temps d'achever ces papiers. Je suis en nage.

Vers midi, les dockers ont enlevé les barres de saisissement qui liaient les trois containers canari au pont du bateau. À 13 heures les chevaux, les moutons, les taureaux se sont envolés par 40 mètres au bout des câbles d'acier. J'ai serré des mains, trop vite, des débuts d'amitiés, à peine nouées, déjà coupées. Je me suis retrouvé piéton, avec mon sac, sur une terre étrange, au bas de la coupée en un instant et sans équipage. Adieu Yoann, Roel, Noli, Michael... L'immense coque bleue du *Saint-Pierre* vue de terre ! Quatorze jours, quatorze nuits, et être tout à coup à terre. Une fourgonnette est venue me chercher et on a roulé dans les avenues de containers, dans les hauts rangs rouges, bleus, orange. Les trois containers canari – que j'ai tant envie de dire encore miens – attendent, isolés, sur le bitume immense, au fond du quai. Les bêtes ont chaud, respirations saccadées. Je suis resté auprès d'elles. Et puis où aller pour attendre, les quais ne sont pas à l'échelle des piétons, on ne va qu'en voiture, qu'en camion, qu'en *stacker.* Une guérite lointaine offre un peu d'ombre aux discussions de chauffeurs routiers en attente d'un bon de chargement. Au-delà du quai, une ville, des arbres, des montagnes, escaladent ces quelques coteaux qui me tombent dans les yeux. Un avion se pose dans un marais.

Un camion est venu pour les taureaux et les moutons. Il a tout pris, la boîte avec les bêtes. Adieu ! Je suis resté avec les chevaux. Eux, peut-être parce qu'encore dans cette peau d'acier qui était maintenant la leur, que sûrement ils avaient appris à aimer comme une veste épaisse et lourde sur les épaules, semblaient tout à fait sereins. Je me suis assis sur mon sac, le dos collé à la tôle, dans ce que le zénith tout juste passé laisse d'ombre à la terre. Un autre camion est venu, le chauffeur a accroché des chaînes aux quatre coins du container et au bout du bras de la grue de son camion. Je devais avoir des yeux de fou. Qui êtes-vous ? Je suis monté avec lui. J'ai posé mon sac dans les élingues, les chaînes et les manilles. On est sortis du terminal de la Pointe des Grives, secoués par les dos-d'âne. Pauvres bêtes. Et voilà une autoroute ! Tout un tas de voitures, des travaux, des embouteillages. Et puis cette vitesse, cette incroyable vitesse. Toutes ces couleurs, ces magasins, ces enseignes. Des hommes, des femmes, des enfants. Des bus. Tout cela se jette sur vous. J'étais sur un bateau, ermite au sommet de la tour d'un château : j'étais à bord comme dans un monastère. Et voilà toute une île, toute une vie sur cette île, des milliers de vies. Rien ne vous prépare à cela. Il n'y a pas de sas. On vous projette à terre.

On a roulé une demi-heure. J'ai tenté quelques mots, maladroits. Mon œil, comme une vieille mère, une tête de cheval dehors, aimanté par le rétroviseur et les crinières au vent. Puis l'homme est sorti de cette autoroute, a pris un chemin de terre. On s'est arrêtés au milieu de ce rien – comment dire ce trop-plein, comment classer toutes ces informations, ces sons, ces couleurs, cette accumulation de paysages, de vallées, de champs de canne, cette succession de zones commerciales, de panneaux publicitaires, cette densité. On s'est arrêtés sur ce bout de chemin. Une voiture s'est approchée. Une femme est descendue, a tendu un sac avec un repas et un gobelet de café. On est repartis. J'étais tout à fait ébahi.

Plus loin, dans un champ d'une herbe assez verte, des 4 × 4 et des vans attendaient. L'homme s'est arrêté à nouveau, je suis descendu du camion. Il a pris le boîtier de télécommande de la grue et a posé dans cette herbe qui ne me disait rien le container, les quatre chevaux. Et eux, dans la boîte, leurs yeux se demandaient : et maintenant quoi encore ? Des hommes étaient là, ils jaugeaient tout cela d'un regard plein de méfiance et sans bienvenue. J'ai ouvert les portes. Ceux qui étaient venus chercher leurs chevaux tout neufs, achetés sur la ligne d'arrivée de champ de courses, dans les prés d'un élevage, sur le catalogue d'une vente, si loin, de l'autre côté de cet Atlantique, en voulaient pour leur attente, pour leur argent. Il fallait voir les bêtes, les faire marcher, qu'elles s'énervent un peu, et même, s'il le fallait, qu'elles prennent un peu peur. J'ai voulu leur dire. Aucun mot n'est sorti de moi. Que savent-ils de l'immobilité, de l'enfermement, du paysage deux-mètres-de-profondeur, du paysage la-paroi-d'un-container, du paysage ces-si-beaux-nuages, des tendons qui n'ont pas été étirés, des muscles fondus, de la confiance ? Moi, dans ma colère, j'aurais tout repris, chevaux, taureaux, moutons, tout remis sur le bateau. On aurait navigué encore. N'importe où, pourvu qu'on navigue. Ils les ont mis dans les vans, les moteurs ont démarré. En un instant, il n'y avait plus rien qu'une herbe et une île.

*

Après le champ je suis allé louer une voiture. J'ai roulé vite et fort dans les virages de la montagne, je voulais venger le relief. Je me suis jeté sur le pays parce qu'il se jetait sur moi. S'embarquer n'est pas prudent. On vous fait boire l'Atlantique et puis on vous amène un monde entier. Qui saurait quoi faire d'une île. De ce deuxième voyage qui s'offre là comme sur un plateau, à peine débarqué d'un premier, la tête pleine d'un océan. Des montagnes, des fleurs immenses, des averses terribles, des peaux et des rires. Des litres d'alcool. Je me suis toujours posé la question de la fin des voyages. Débarquer est toujours une chute.

C'est du plat-bord qu'on tombe sur terre. Ce qu'il faudrait, c'est un sas. Un endroit où attendre, qui serait comme une longue coupée. On attendrait là. Le premier jour, on vous remettrait la lumière et les paysages, le second on amènerait les bruits, et peut-être même qu'il faudrait deux jours, un pour les moteurs des voitures et un autre pour les chants d'oiseaux, pour qu'alors, peu à peu, ils redeviennent sons à nouveau. Le quatrième reviendrait, mais on leur demanderait de s'approcher doucement, surtout de ne pas venir trop nombreux, quelques hommes ou quelques femmes. Il n'en faudrait même qu'un. Le premier jour il ne faudrait qu'un homme ou qu'une femme. Le temps de retrouver le langage, la conversation, le regard sur les visages, d'apprendre à lire à nouveau. La fougue des enfants reviendrait le lendemain. Le sixième jour on ferait une fête au pied d'une montagne, il y aurait quelques odeurs douces. On danserait d'abord timidement, puis dans une grande frénésie. Alors le septième jour, on regarderait autour de soi, un sourire viendrait, et on se dirait, ça y est, j'ai débarqué, je suis revenu.

J'ai roulé dans la montagne, au hasard sur des routes sinueuses. Le moteur de la voiture a chauffé. Je me suis arrêté dans un village, cueilli par les bras d'une terrasse de café qui m'a semblé refuge. On y faisait des glaces. Je me suis assis sur un banc en bois au bord de la route. Une boule abricot-pays, une boule rhum-raisin. Des feuilles de bananiers, des enseignes peintes, une terre battue et rouge de chaque côté du bitume, des sourires, un car de ramassage scolaire, des feuilles de bananiers encore. Au loin, tout en bas, il y avait la baie, le port, et quelque part au milieu de la baie mouillait, au loin, le *Saint-Pierre*.

Achevé d'imprimer par Dupli-Print
à Domont (95), en février 2018

N° d'édition : 323147
N° d'imprimeur : 2018020472
Dépôt légal : mars 2018

Imprimé en France